初心见证

泰州红色信札

泰州市党史方志办公室
泰州市档案馆
编著

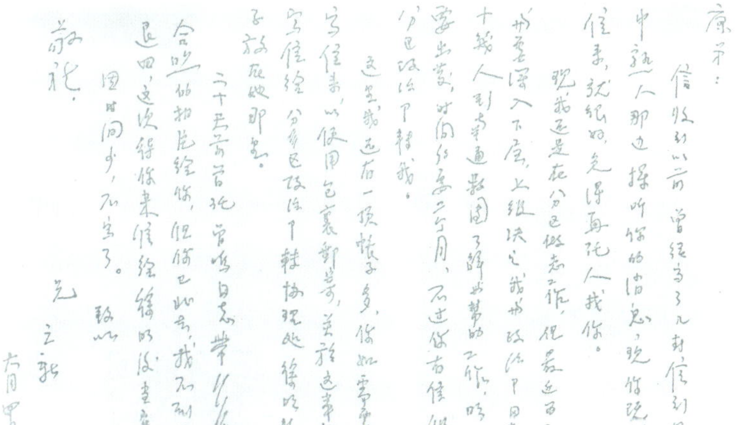

南京出版传媒集团
南京出版社

图书在版编目（CIP）数据

泰州红色信札 / 泰州市党史方志办公室，泰州市档案馆编著. -- 南京 : 南京出版社，2024. 12. --（初心见证）. -- ISBN 978-7-5533-5127-8

Ⅰ. I266.5

中国国家版本馆 CIP 数据核字第 2024QA4408 号

书　　名　初心见证——泰州红色信札
编　　著　泰州市党史方志办公室　泰州市档案馆
出版发行　南京出版传媒集团
　　　　　南 京 出 版 社

社址：南京市太平门街53号　　邮编：210016
网址：http://www.njcbs.cn　　电子信箱：njcbs1988@163.com
联系电话：025-83283893、83283864（营销）　025-83112257（编务）

出 版 人　项晓宁
出 品 人　卢海鸣
责任编辑　严行健　杨传兵
责任印制　杨福彬
装帧设计　钱　颢

印　　刷　南京凯德印刷有限公司
开　　本　787 毫米×1092 毫米 1/16
印　　张　12.5
字　　数　190千字
版　　次　2024年12月第1版
印　　次　2024年12月第1次印刷
书　　号　ISBN 978-7-5533-5127-8
定　　价　198.00元（全二册）

用微信或京东APP扫码购书

用淘宝APP扫码购书

前言

红色书信镌刻着中国共产党人百折不挠的革命意志、修身正己的精神境界、炽热深沉的家国情怀，见证着党百年光辉历程的曲折艰辛和意气风发，诠释着党领导人民从胜利走向胜利的内在动力和成功密诀，是党性修养和党史学习的生动教材。

泰州是一方英雄辈出的红色沃土、激情燃烧的发展热土，无论在可歌可泣的战争年代、乘风破浪的建设岁月，还是在改革开放的新时期、蓬勃发展的新时代，总是涌动着矢志不渝、奋发图强的力量。这种力量，在一份份红色书信字里行间缓缓穿行、汩汩流淌。

一封信某种程度上就是一个时代的缩影。泰州市党史方志办公室（泰州市档案馆）组织编写《初心见证——泰州红色信札》，收录革命先辈、英模人物的感人心路历程，触摸他们的炙热初心、深厚情感，解读他们的坚韧不拔、挺膺担当，感悟蕴含其中的历史智慧和信仰力量。

百年书信字千钧，革命自有后来人。今年是中华人民共和国成立75周年，正处在中华民族伟大复兴的新的起点上。回望来时路，我们充满感佩和敬意，迈进新征程，我们唯有努力奋斗。

《初心见证——泰州红色信札》编写组

组　长: 张士林

副组长: 朱　庆

成　员: (按姓氏笔画排序)

王　菁　吴泓蜜　范晓青

金　凤　姚俊峰　潘国琴

目录

坚持不动摇的精神

严兴让家书

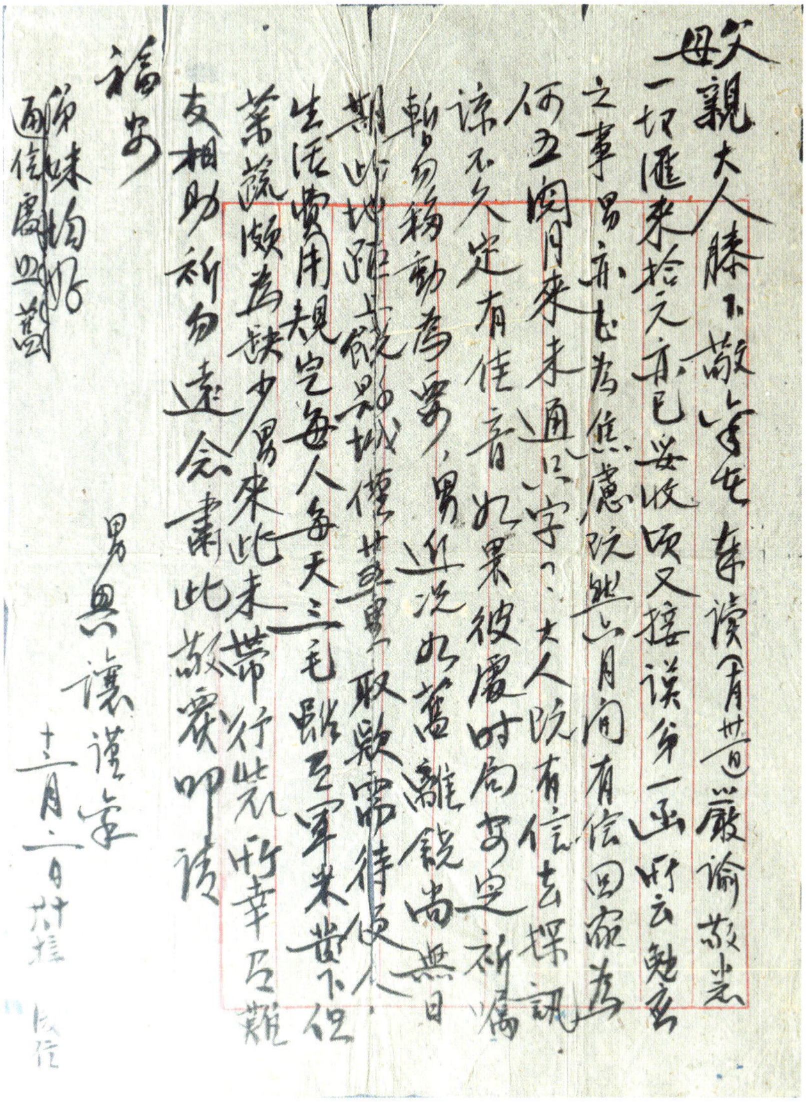

父母親大人膝下：敬稟者，奉讀（十一月廿四日）嚴諭，敬悉一切。匯來拾元亦已妥收。頃又接[illegible]第一函，所云[illegible]之事，男亦甚為焦慮，既然七月間有信回家，為何五閱月來未通一字？大人既有信去探訊，諒不久定有佳音。如果彼處時局安定，祈[illegible]暫勿稍動為要。男近況如舊，離館尚無日期。此地距[illegible]縣城僅廿里，取款需待[illegible]。生活費用規定每人每天三毛，[illegible]。菜蔬頗為缺少。男來此未帶行李，所幸尚[illegible]友相助，祈勿遠念。肅此敬稟，叩請

福安

弟妹均好

通信處照舊

男興讓謹稟

十二月二日

[illegible]

严兴让家书

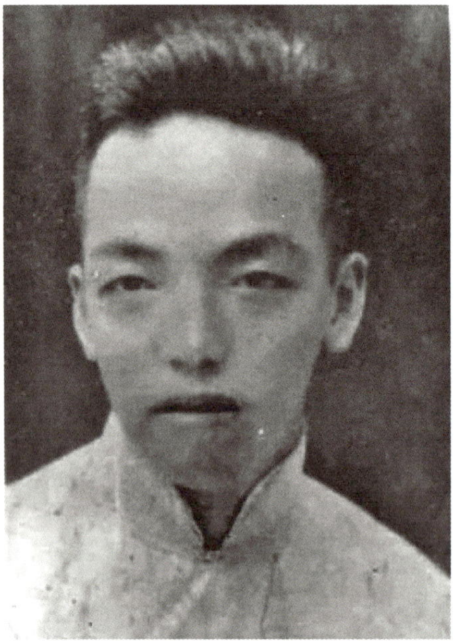

严兴让

斑斑旧信笺，殷殷家国情。泰州市革命烈士纪念馆保存着严兴让烈士的三封家书，泛黄的纸张承载着烈士对家人的牵挂、对革命的执着和对未来的憧憬，感情细腻，跃然纸上。片言只语更彰显出严兴让坚持不动摇的精神，如今读来，为之动容。

严兴让，又名严向、严颜，1913年10月生于泰州，先后在泰州伍成小学、县立初中、时敏高中学习，受进步思想影响，立下报国大志。1930年9月，赴上海求学。在沪期间，他活跃在各种爱国救亡学生运动中，参加“全沪同学赴京请愿团”游行示威活动，奔赴南京，与北平、天津、武汉、长沙等地的同学举行游行示威，要求国民党政府“停止内战、一致抗日”。在信中，严兴让告诉父母参加请愿活动的原因，沉痛说到“政府既不廉洁又无方针，因如此之麻木不仁而无能，乃引起赴京请愿之举”，并称这是“爱国运动”，字字句句映射出一位有志青年的拳拳爱国之情。

1934年秋，严兴让考入位于景德镇的江西省陶业管理局技术人员养成所，毕业后留任工人培训班教师。江西省陶业管理局局长杜重远是一位爱国民主人士，积极组织进步学生投身景德镇的抗日救亡运动。受其影响，严兴让与胡绵芳（胡明）、潘炯乐（潘田）、张三圭（张云樵）等7人秘密成立前哨社，在景德镇《陶业日报》上开辟《前哨》副刊版，发表抗日救亡的言论和进步作品。严兴让参与举办了多期工人训练所，开展露天讲演，举行文艺晚会，进行抗日救国宣传。

1937年冬，陈毅利用与国民党谈判、组织游击队下山之便，来到景德镇与进步青年举行座谈交流。陈毅向他们讲述了卢沟桥事变后国际国内形势的变化，阐述了党的抗日民族统一战线政策及抗战的前景，鼓励他们参加红军游击队，到抗日斗争的第一线去。受到陈毅的鼓舞，严兴让一行十几人从景德镇出发，奔赴浮梁县的瑶里参加红军游击队。党组织考虑到景德镇抗日斗争的实际情况，决定让张三圭、严兴让留下来，坚持斗争，其余人则如愿参加了红军游击队，并随着这支游击队改编为新四军第一支队第二团第二营，开赴安徽岩寺集中。

1938年春，陈毅再次来到景德镇，在各界人士欢迎大会上作《目前形势与团结抗日》的报告。严兴让听后热血沸腾，很受启发，更加坚定了开展抗日救亡运动的决心和信心。不久，张三圭、严兴让、张拙芝等加入中国共产党。

1938年2月，中共赣北特委在景德镇秘密成立，统一领导赣北地区的党组织活动和抗日救亡工作，严兴让担任赣北特委宣传部长。6月，他以爱民乡中心小学教员的身份来到鄱阳，秘密进行革命活动，发展党组织，在侯家岗新田垅成立中共鄱阳县委员会，并相继在茶塘、东门村、江田、小铺袁家、范家、新田垅等地，建立了10余个党支部，发展党员100余人。

9月，中共景德镇市委秘密成立，严兴让担任市委宣传部长。他组织党员深入城区各瓷厂和浮梁瑶里等农村开展党的秘密工作，在画瓷工人及社会进步青年中进一步发展壮大党的队伍，进行声势浩大的抗日救亡宣传活动。受其影响，越来越多的有志青年心中燃起从军报国的热情，奔赴延安或者参加新四军。

在江西开展革命活动期间，严兴让十分挂念家中父母和兄弟姐妹，经常写信告知自己在江西的工作、生活和思想情况。他在江西的革命生活比较清苦，但生活的困苦、革命的艰难，没有让严兴让害怕退缩，革命同志的关怀和帮助更坚定他的革命信念，激发他的革命热情。他在一封家书中写道："正因为进步之力量尚不足，挽回时局逆转之狂澜需要经过更艰苦的奋斗，坚持不动摇的精神。父亲，吾人绝不因此而气馁失望，应明此理，使吾人反而唯一前途抱负无限之希望。"这些铿锵有力的字词，展现出严兴让坚韧不拔的性格和一往无前的精神。

严兴让活跃的身影引起了国民党当局的注意，遭到通缉，他迅速从景德镇转移到鄱阳。1940年3月，严兴让兼任中共鄱阳县委书记。他开班讲学培养党的骨干力量，还安排一批革命同志打入国民党的爱民、船湾等乡公所任乡长、乡丁等，以公开身份掩护联络来往赣北的革命同志，带领当地群众进行减租减息、抗丁抗税的斗争。

皖南事变后，国民党在赣北地区大肆搜捕共产党人，破坏党的组织。1941年2月，国民党景德镇专员公署派警卫队同鄱湖司令部到爱民乡公所搜

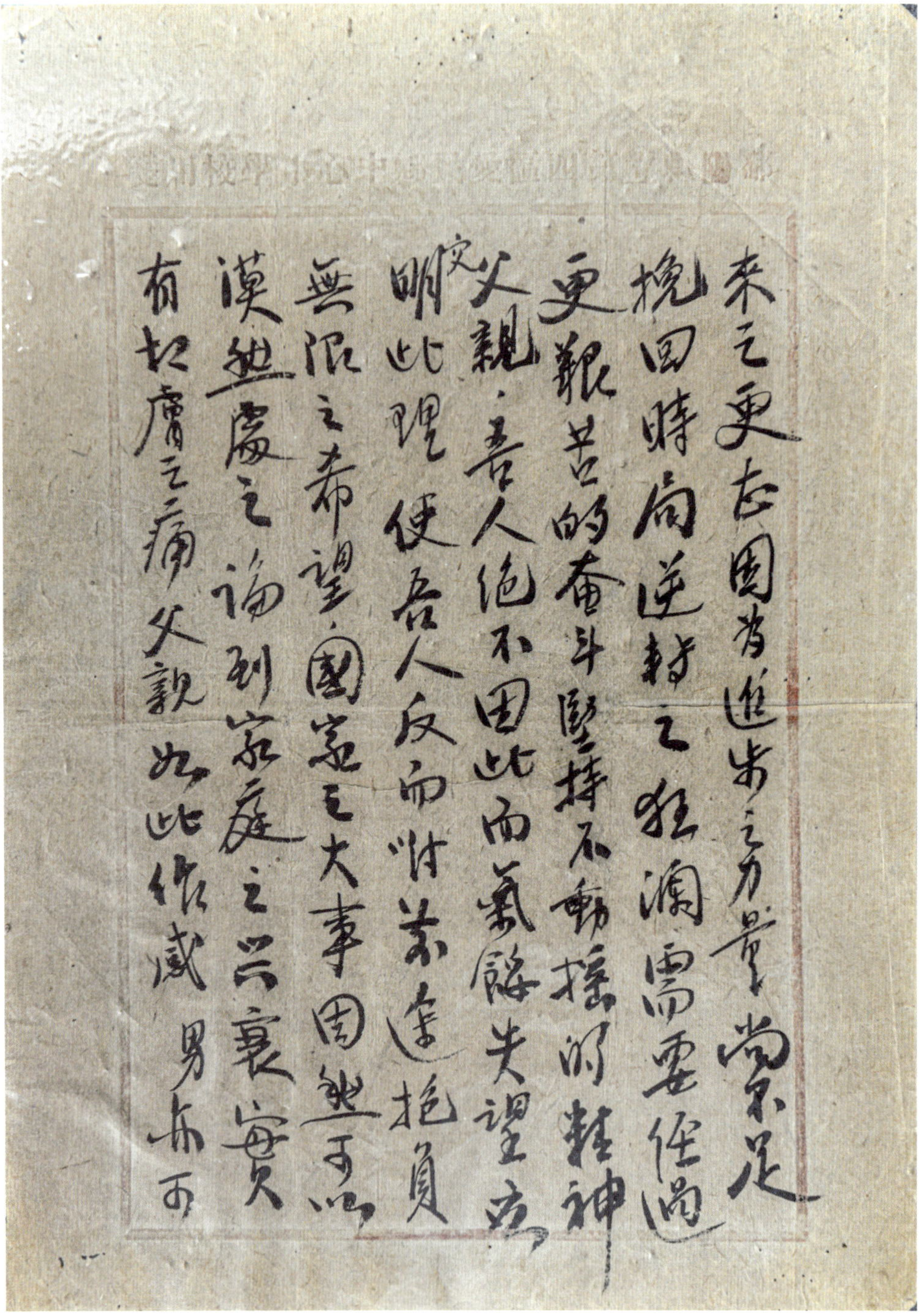
来之更大，因为进步之力量尚不足
挽回时局逆转之狂澜，需要经过
更艰苦的奋斗，坚持不动摇的精神
父亲，吾人绝不因此而气馁失望，应
究明此理，使吾人反而对前途抱负
无限之希望。国家之大事，固然于心
漠然处之，论到家庭之兴衰，实
有切肤之痛，父亲如此伤感，男亦可

严兴让家书

捕严兴让。在转移突围过程中，严兴让不幸被捕，后被押解至景德镇戒严司令部。

面对严刑拷打，严兴让从容不迫、坚强不屈，后被转押至上饶，囚于西山监狱。国民党军法官逼迫严兴让承认犯有“进行非法组织活动和破坏社会治安”的所谓罪行，严兴让义正辞严地反问：“我大片国土沦丧，宣传抗日，何罪之有？”并拒绝写“自白书”，敌人恼羞成怒，又施以重刑。8月，严兴让被转押至周田村，编入“第三战区长官司令部特别训练班”受“感训”。三战区政治部专员室少将专员张超曾在鄱阳一带从事过特务活动，于是以旧识身份，劝解严兴让“与之共事”“共谋大业”，严兴让忿忿答道：“道不同，不相为谋，要我与你们合作共事，完全是白日做梦。”敌人的严刑拷打和威逼利诱没有击垮严兴让，他在狱中一直坚持秘密开展斗争。

1942年5月，日本侵略军进攻浙赣，上饶告急。国民党第三战区长官司令部决定由上饶撤退福建，“犯人”同时被转押。早在上饶时，狱中的秘密党组织制定了暴动计划，并逐步进行具体部

严兴让烈士墓

笔架

私章

署。6月17日，被囚人员途经福建崇安赤石镇时举行了暴动，数十人突出重围，严兴让没能顺利逃脱。国民党惊恐万分，随后以重新编队为名，抽调所谓危险分子、顽固分子分批杀害。6月19日，严兴让被枪杀在赤石镇角亭虎山庙的后山坡上，时年29岁。

英雄已逝，精神长存。如今，我们仅能看到严兴让烈士的亲笔家书、用过的私章和笔架。重温烈士家书，片纸数语千钧重，凝结其中的家国情怀滚烫感人，信仰的力量直抵心灵，激励我们追寻先烈足迹、传承红色基因，勇担时代重任，砥砺奋进前行。

（潘国琴）

仲连智免蹈东海

陈毅《送人赴泰州谈判抗日合作》

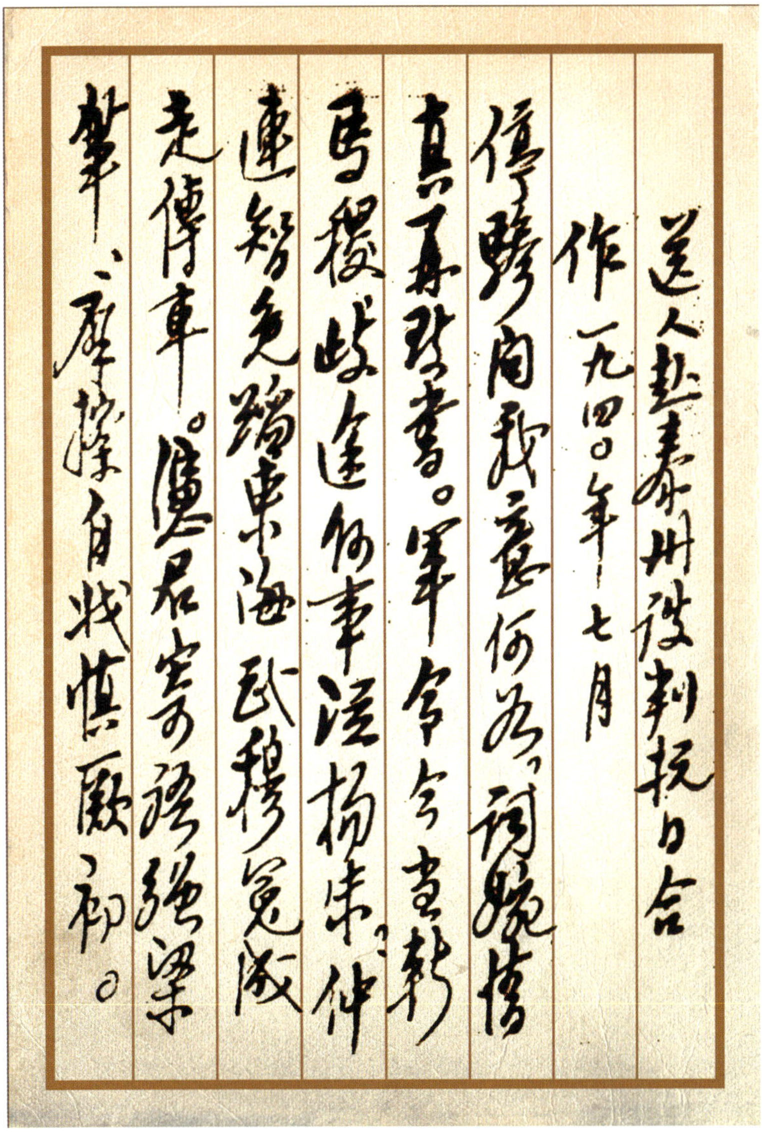
送人赴泰州談判抗日合作
一九四〇年七月
傳騎向我意何為，詞婉情真寄短書。軍令今專輕馬援，岐途何事泣楊朱。仲連紛免蹈東海，武穆冤憾走傳車。願君寄語強梁輩，摩擦自戕慎厥初。

陈毅《送人赴泰州谈判抗日合作》

送人赴泰州谈判抗日合作

陈　毅

停骖问我意何如？词婉情真再致书。
军令今当斩马谡，歧途何事泣杨朱？
仲连智免蹈东海，武穆冤成走传车。
凭君寄语强梁辈，摩擦自戕慎厥初。

这首七言律诗作于1940年7月，诗题中的“送人”即送朱克靖，谈判对象指国民党鲁苏皖边区游击总指挥部总指挥李明扬。当时，为争取“二李”（李明扬、李长江）与新四军合作抗日，陈毅派朱克靖携一封亲笔信赴泰州谈判，信中附《送人赴泰州谈判抗日合作》诗一首。在这首诗中，陈毅大量地运用典故，语意委婉而又不失坚决地表明了自己对泰州谈判的态度，形象化地阐明了中国共产党在统战工作中所持的有理、有利、有节的严正立场。

朱克靖，1895年10月出生，湖南醴陵县人，1922年加入中国共产党，1925年参加北伐，任国民革命军第三军党代表兼政治部主任。1927年南昌起义后，被任命为第九军党代表。1938年1月，朱克靖被任命为新四军政治部顾问兼直属战地服务团团长。

陈毅从镇江县姚家桥（今丹徒区）附近渡江时在船头眺望（1939年）

1940年春，新四军江南指挥部奉中共中央指示，率主力渡过长江，挺进苏北。6月，在国民党江苏省政府主席韩德勤的唆使下，李明扬、李长江部对新四军驻郭村部队发动进攻，最终被击退。之后，陈毅派在新四军江南指挥部做战地服务和民运工作的朱克靖去泰州谈判，晓以利害，争取其中立。

朱克靖在泰谈判处旧址（泰州市海陵区陈家桥西街29号）

朱克靖在担任国民革命军第三军党代表兼政治部主任时，李明扬任第三军第九师副师长兼二十六团团长，两人有共事之谊。李明扬的夫人葛佩秋又是朱克靖的同学。陈毅经过慎重考虑，认为朱克靖是赴泰州谈判的最佳人

新四军东进泰州谈判处旧址（泰州市海陵区迎春西路36-1号）

选。于是，朱克靖就肩负起这样的“特殊任务”。

诗的首联“停骖问我意何如？词婉情真再致书”，意思是你临行还要同我商量这件事？我就告诉你此去一定要“词婉情真”地把我的想法告诉他们。1939年秋至1940年春，陈毅“三进泰州”，期间多次写信给李明扬，表达团结合作抗日的愿望。1939年秋，陈毅在新四军挺进纵队第三支队政治处主任、中共苏北临时特委书记惠浴宇的陪同下“一进泰州”，赴李明扬指挥部驻地西山寺作礼节性拜访。李明扬避而不见，派副总指挥李长江出面接待。离泰的时候，陈毅留下一封借毛泽东、朱德的名义写给李明扬的问候信。这一次“再致书”，再次表达

新四军与李明扬、李长江合作抗日的真情实意。

诗的颔联“军令今当斩马谡，歧途何事泣杨朱？”意思是按照军令应该斩马谡，为什么杨朱见到了歧途还要磨磨蹭蹭、不辨南北呢？陈毅用诸葛亮斩马谡的典故，表明对处理“摩擦”问题的态度。即按照军令，应该像诸葛亮斩马谡一样，斩杀那些破坏国共合作的国民党顽固派。为了顾全大局，并不能因为出现“摩擦”而放弃统一战线。“歧途”句中含有“歧路亡羊”的典故。“杨朱”是战国初期的哲学家。按《列子》所载，杨朱的邻居丢了一只羊，因岔路口太多没有被找到，杨朱听说后眉头紧锁，一言不发。后人用“歧路亡羊”比喻因事态复杂，人失去正确方向而误入歧途。陈毅借古喻今，用两个反例委婉地劝导“二李”不要误入歧途，切切要以抗战大局为重。

黄桥战役纪念馆旧址中陈毅、粟裕塑像

诗的颈联“仲连智免蹈东海，武穆冤成走传车”，意思是鲁仲连凭借智慧免除了一场国家间的灾难，岳飞抗金有功却被诬谋反，以“莫须有”的罪名被害，冤屈流传很广，人尽皆知。陈毅将新四军比作鲁仲连，表明新四军以国家民族利益为重，坚持抗战的决心和担当；同时以岳飞的故事来警示李明扬、李长江，希望“二李”分清敌我，枪口一致对外，不要让同室操戈的历史悲剧重新上演。

诗的尾联“凭君寄语强梁辈，摩擦自戕慎厥初”，意思是告诫你们这些搞“摩擦”的人，到最后必然会被打倒。“强梁”借指搞摩擦的国民党顽固派。陈毅告诫他们应慎重考虑，在亡国的危急关头，不打日寇打内战、搞摩擦，必然是搬起石头砸自己的脚。一个“戕”字、一个“慎”字，严肃又准确地指明了国民党顽固派一意孤行。“厥初”即初始，陈毅奉劝那些顽固派要三思而行，改弦更张、团结抗日，重申了新四军团结抗战的战略方针。

带着陈毅的嘱托和希望，朱克靖来到泰州陈家桥西街的凌家花园李明扬的住处，与李明扬、李长江谈判。双方达成口头协定，李明扬承诺借道给新四军东进，并在韩德勤进攻新四军时保持中立。1940年7月下旬，新四军东进黄桥，建立以黄桥为中心的抗日民主根据地；10月，取得了黄桥战役的胜利，奠定了苏北抗日民主根据地的坚实基础，打开了华中抗战新局面。

历史因铭记而永恒，精神因传承而不灭。陈毅诗句荡气回肠，镌刻着他半个世纪的历史征程和光辉足迹。1977年4月，由人民文学出版社出版、张茜作序的《陈毅诗歌选集》收入陈毅诗词150首，其中就有《送人赴泰州谈判抗日合作》。在苏北抗战时期，陈毅以他的真诚相待、渊博知识团结了一大批开明地主绅士、知名人士，使他们理解和支持新四军的抗战。他写出一封封情真意切的书信，既是激励人们为真理而冲锋陷阵的战斗号角，同时也为开展统一战线工作发挥着巨大的作用。

（姚俊峰）

免得再托人找你

林之新给弟弟的信

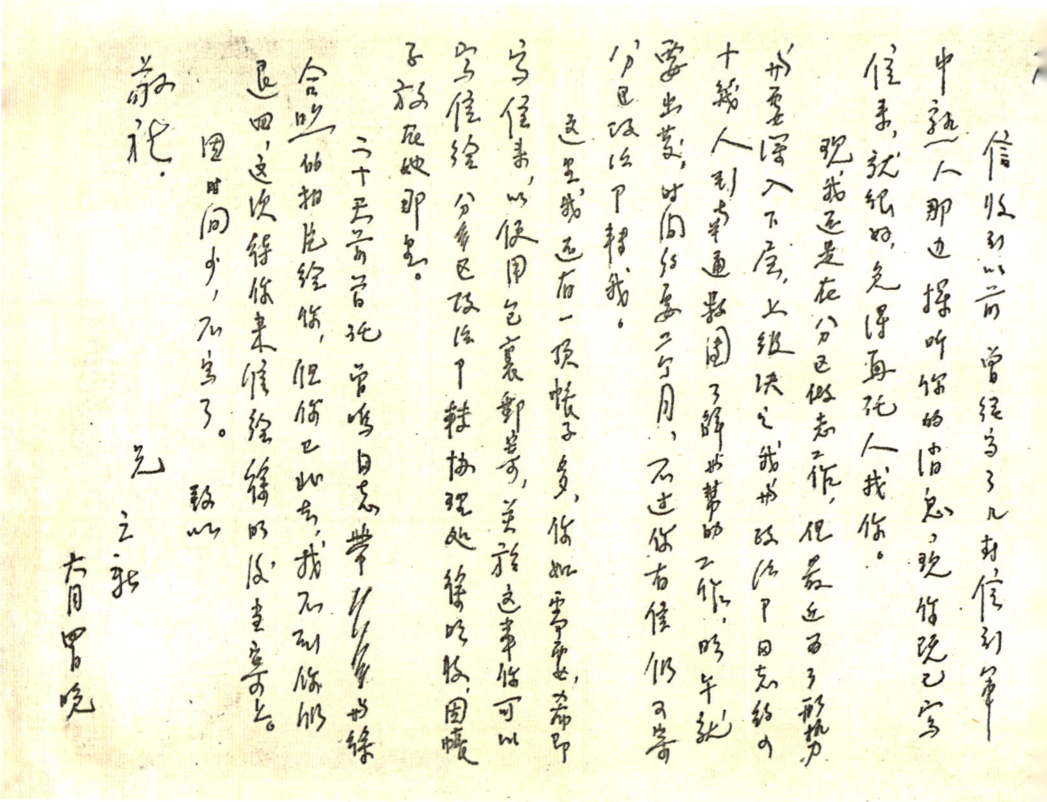
信收到。以前曾经写了几封信到军
中线人那边探听你的消息，现你既已写
信来，就很好，免得再托人找你。
现我还是在分区做志工作，但最近为了形势
我要深入下层，上级决定我和政治部同志约的
十几人到本半通救团了解和帮助工作，明年就
要出发，时间约要二个月，不过你有信仍可寄
分区政治部转我。
这里我还有一顶帐子多，你如需要，希即
写信来，以便用包裹邮寄，关于这事你可以
写信给分区政治部转协理处徐明收，因帐
子放在她那里。
二十天前曾托曾鸣同志带往如皋徐
合兴的相片给你，但你也外出，我不到你们
退回，这次得你来信给徐明同志可去
因时间少，不写了。
致以
敬礼。
兄 之新
六月四晚

林之新写给弟林康的信

这是一封写于解放战争时期的家书，写信人是牺牲在泰州大地、年仅24岁的指挥员林之新。

林之新，原名任瑞林，福建闽侯人，1939年加入中国共产党，1940年参加江南抗日义勇军，后在如西、泰县等

林之新

林康

地工作，历任如西县石庄区区委书记、县委宣传部部长，苏中三地委《江潮报》社副社长，华中一分区政治部宣传科科长，泰州独立团政治处主任等职。1946年11月15日，在泰县雅周区丁许庄战斗中英勇牺牲。

家书来自烈士之子任小新。任小新生于1947年1月，父亲牺牲后。对于从未谋面的父亲，这封仅存的家书寄托着他无尽的思念与缅怀。

信是林之新写给其弟林康的，表达问候、介绍近况、诉说牵挂。林之新牺牲后，林康将此信重新誊写，加上按语，连同原信件一并寄给其二嫂、林之新妻子、任小新母亲徐明，表达缅怀之情，寄去精神慰藉。家书后交由任小新珍藏，保存至今。全文如下：

康弟：

信收到，以前，曾经写了几封信到军中熟人那边探听你的消息，现你既已写信来，就很好，免得再托人找你。

现在我还是在军分区做老工作，但最近为了形势，与要深入下层，上级决定我与政治部同志约四十几人到南通县团了解与帮助工作，明午就要出发。时间约要二个月，不过你有信仍可寄军分区政治部转我。

这里我还有一顶帐子多，你如需要，希即写信来，以便用包裹邮寄，关于这事，你可以写信给军分区政治部转协理处徐明收，因帐子放在她那里。

二十天前曾托曾鸣同志带与徐合照

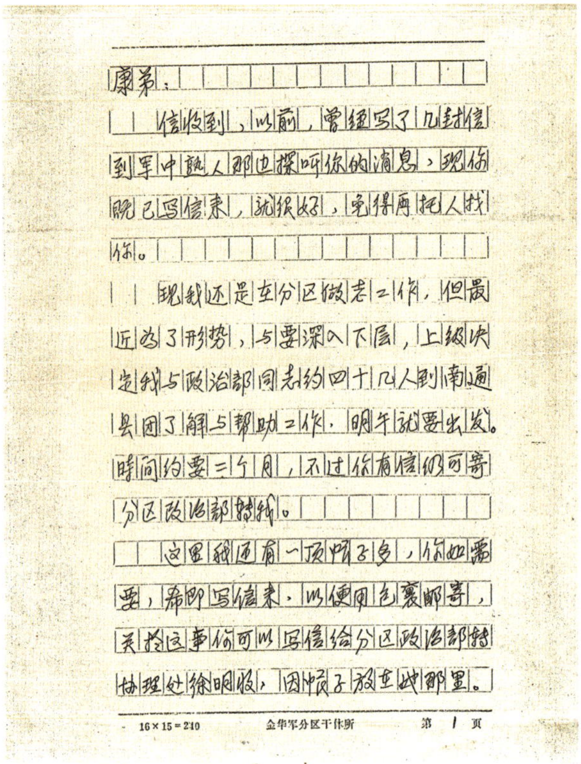
康弟：
信收到，以前，曾经写了几封信到军中熟人那边探听你的消息，现你既已写信来，就很好，免得再托人找你。
现我还是在分区做老工作，但最近为了形势，与要深入下层，上级决定我与政治部同志约四十几人到南通县团了解与帮助工作，明午就要出发。时间约要三个月，不过你有信仍可寄分区政治部转我。
这里我还有一顶帐子多，你如需要，希即写信来，以便用包裹邮寄，关于这事你可以写信给分区政治部转协理处徐明收，因帐子放在她那里。
16×15=240　金华军分区干休所　第 1 页

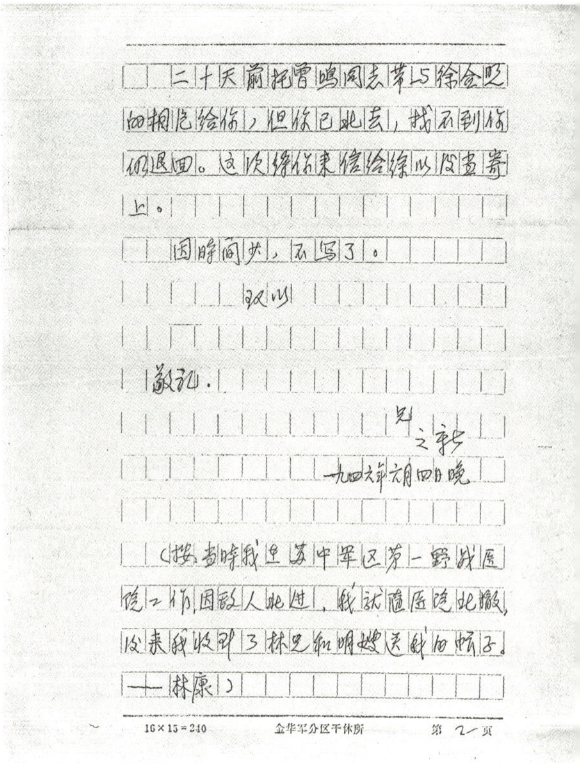
二十天前托曾鸣同志带与徐金明的相片给你，但你已北去，找不到你，仍退回。这次待你来信给徐以后当寄上。
因时间少，不写了。
致以
敬礼。
兄 之新
一九四六年六月四日晚
（按：当时我在苏中军区第一野战医院工作，因敌人北进，我就随医院北撤，后来我收到了林兄和明嫂送我的帐子。——林康）
16×15=240　金华军分区干休所　第 2 页

林康家书誊写件

的相片给你，但你已北去，找不到你，仍退回。这次待你来信给徐以后当寄上。

因时间少，不写了。

致以

敬礼。

兄

之新

六月四日晚

按：当时我在苏中军区第一野战医院工作，因敌人北进，我就随医院北撤，后来我收到了林兄和明嫂送我的帐子。

——林康

“烽火连三月，家书抵万金”。战火纷飞的岁月，兄弟二人为了革命事业天各一方，唯有鸿雁传书，于纸端重逢，“信收到，以前，曾经写了几封信到军中熟人那边探听你的消息，现你既已写信来，就很好，……”得知亲人安好，林之新深感欣慰，手足亲情溢于言表。多年后，林康在其回忆录《一个学子的小传》中提及此信来由：“1946年4月，我在第一野战医院二队入了党……二哥二嫂很关心我在部队的成长，我已成了共产党员，即写信鼓励我要更加努力为革命工作，并托人带一顶蚊帐给我用。”

林之新，林康的革命引路人，1922年5月22日出生于上海。父亲任光奎早年携妻从家乡福建闽侯来上海谋求生计，在外国人家当厨师。林之新为家中次子，从小聪明懂事、好学上进，先后在私立华民小学、民智中学读书，成绩优异。1937年淞沪会战期间，初中毕业的他投身抗日洪流，参加上海童子军战时服务团。次年2月，进入童子军界办的难童中学读书。期间，结识了中共党员阿英（钱杏邨），在其指导下阅读进步书刊，接受进步思想，并以“艾汀”为笔名发表抗日文章和诗歌。

1938年夏，林之新进入滨海中学读高中，参加了中国共产党外围组织——上海学生协会和滨海中学工作组。1939年1月秘密加入中国共产党。次年夏，因身份暴露，被迫离开上海。后转移至澄锡虞抗日根据地，参加江南抗日义勇军，在江南社担任新闻记者、编辑。为保护家人安全，他隐去原名任瑞林，从此以“林之新”工作、生活。

1941年8月，林之新奉命到苏中三分区如西县工作。先后任石庄区委组织科长、秘密区委书记，如西县委秘书，

1935年摄于上海的全家福（左起林之新、母亲吴大妹怀抱小弟任瑞忠、林康、父亲任光奎、大哥任瑞华）

渡军井区区委书记，芦港区区委书记等职。次年春，他因患急性阑尾炎，秘密回上海实施手术，一周后回家休养。休养数十天里，他常给家人们讲述根据地军民抗击日伪军的英勇事迹，并坚定地表示：有共产党的领导，抗日战争一定能取得胜利。

家中，排行老三的任瑞康与林之新一向志趣相投、感情甚笃。二哥的归来，使任瑞康感到十分高兴。他因日军入侵、学校停课而失学在家。此次听到二哥的激情讲述，他心潮澎湃，深受教育，一颗无处安放的报国之心由此找到了方向。不久，这位年仅14岁的少年，跟随二哥林之新同赴如西抗日根据地，改名"林康"，开始全新的革命生活。"他把我带上了革命道路，虽有曲折，但还是坚定地走下去，决定了我的一生。"

林之新与林康既是一奶同胞，更是亲密战友。信中，他简要介绍了自己的工作近况，"还是在军分区做老工作……与政治部同志约四十几人到南通县团了解与帮助工作……时间约要二个月"，这是革命战友之间的交流，同时也是以实际行动勉励林康，努力为党工作，为正义而战，为人民而战。

进入如西根据地后，林之新主要从事党政宣传工作。1943年春，任如西县委宣传部部长，并先后兼任薛窑区、车马湖区区委书记，深入群众宣传抗日思想和党的方针政策，组织带领群众开展反伪化斗争。1945年5月，调任苏中三地委机关报《江潮报》社副社长，分管报社行政工作。同年11月，《江潮报》社迁址如皋城内，与苏中四地委《江海报》社合并，改称《江海导报》社。林之新在参与完成《江海导报》社筹建工作后，于12月调任华中一分区政治部宣传科科长兼文工团团长。这封家书便是他在调任该职后所写。

纵是铮铮铁骨，也有款款深情。家书中，林之新不仅谈论了革命工作，也提及了生活家常。他处处关心着这位年轻的弟弟、革命的战友，"这里我还有一顶帐子多，你如需要，希即写信来……"一顶蚊帐，在身处和平年代的我们看来，习以为常、司空见惯，但在那艰苦的革命岁月，真可谓弥足珍贵。"他和嫂子还托人带给我一顶蚊帐，在当时是很珍贵的物品了……"

这位细致耐心的好兄长，对待战友也如亲人一般。在泰县雅周任《江潮报》社副社长期间，不少同志在艰苦的战争环境中患上了肺病、疟疾，林之新看在眼里、急在心里。在组织治疗的同时，他成立了文娱小组，教唱抗战歌

1946年华中一分区政治部部分成员合影（右二林之新）

曲，举行文娱晚会，丰富大家的业余生活；他还组织大家打篮球，开展多种多样的体育活动，以增强体质，激发大家与病魔斗争的决心。抗战胜利后，报社随三分区党政军机关进驻泰兴黄桥东街，林之新便带领大家在黄桥中学附近开荒种菜、养鸭子，想方设法为大家改善伙食。他的无微不至、关怀体贴得到了同志们的交口称赞。

信末一句“因时间少，不写了”。见字如面，如话家常，一个昂扬的、繁忙的革命者形象跃然纸上。可却又一语成谶。5个月后，林之新牺牲，留给亲人的是绵长的伤痛与思念。

1946年春节，林之新与分区司令部组织干事徐明喜结连理，分区政治部副主任包厚昌为他们主持了婚礼。婚后不久，林之新临危受命，调任泰州独立团政治处主任，坚持原地武装斗争。他与独立团副政委吴石梅一起带领部队在海安以南、柴湾以北的公路沿线活动，完成“阻击敌人”和边区“反抢粮”斗争任务。是时，徐明已怀孕，组织上安排她到江南休养，林之新一心扑在工作上，未能送行，谁知一去竟成永别。

11月14日，林之新受命率独立团四连两个排战士进驻泰县雅周区丁许庄，此行主要任务是稳定群众情绪，保护群众正常生产，同时与雅周区游击连配合作战，袭扰敌人，粉碎敌人

1946年春节，林之新与徐明喜结良缘

在孙家庄、营溪等地构筑据点的阴谋。15日凌晨，林之新率部行进至丁许庄附近孙家庄以南时，与国民党军两个营遭遇。当时，敌强我弱，数倍于我，并很快形成包围，他当机立断，迅速组织突围。突围中，左胸中弹，壮烈牺牲。

当晚，参战部队撤退至东夏乡，战士们与当地群众连夜将林之新遗体安葬。58天后，林之新儿子出生，中共泰县县委书记兼泰州独立团政委周伯藩夫妇为他取名“小新”，以示纪念。1953年3月，扬州专员公署将烈士灵柩迁至泰州市烈士公墓重新安葬，立石为碑，供后人瞻仰。

（王　菁）

我要勇敢地战斗下去

李默给弟弟的信

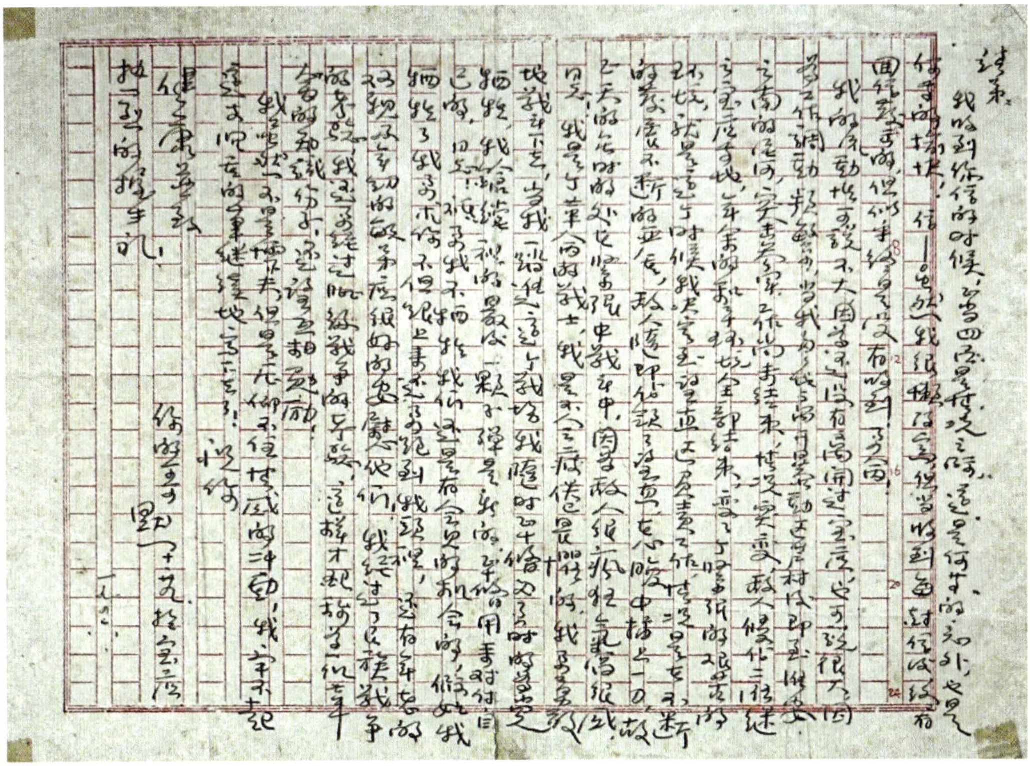

1946年11月29日李默写给弟弟李靖的一封信

1946年11月29日，宝应县望直区区委书记李默在紧张的工作和战斗之余，给在大部队里工作的弟弟李靖写了一封信，信中有一段话这样写道：

“……因为敌人很疯狂气焰很盛。同志：我是个革命的战士，我是不会疲倦畏惧的，我要勇敢地战斗下去，当我一踏进这个战场，我随时准备必要

李默全家照（右三为李默）

时为党牺牲，我枪膛里的最后一颗子弹是新的，准备用来对付自己的。同志：只要我不牺牲，我们还是有会面的机会的。假如我牺牲了，我要求你不但跟上来，还要跑到我头里，还有年老的双亲及年幼的敏弟应很好地安慰他们，我经过了民族战争的考验，我还要经过阶级战争的考验，这样才配称为一个革命的知识分子，还望相互勉励！”

这封信字里行间洋溢着炙热的革命热情，展现了一位共产党员博大的胸怀、远大的理想和坚定的信念。在李默的教育指引下，弟弟李靖为保家卫国及后来的新中国建设事业奉献着青春和热血。

李默的革命人生

李默，1921年3月出生于上海一个工人家庭，1938年考入中法工学院，不久参加了党的外围组织——抗日救亡青年团，经常参加秘密集会，刻印散发传单，呼吁各界人士支持抗日，挽救民族危亡。1939年冬参加浦东抗日游击队，1940年春加入中国共产党。先后担任新四军六师五十一团宣教干部、六师十八旅教导大队教育干事，从事思想政治工作和民运工作。1941年，李默随十八旅转移江北，在苏中地区开展对敌斗争。1943年初，李默赴新四军抗日军政大学学习，同年5月分配到苏北宝应县，先后任宝应县安宜师范（干部培训班）政治辅导员、望直区委副书记。解放战争爆发后，李默任望直区委书记。

1946年11月，高邮、宝应、兴化、溱潼等地相继被国民党军占领，望直区斗争形势严峻。区乡武装多次遭到敌人的包围、袭击，许多同志英勇牺牲。李默不疲倦、不畏惧，而且“要勇敢地战斗下去”，坚信“世界上没有布尔什维克不可攻陷的堡垒”。他坚决执行上级关于游击队“区不离区、乡不离乡”的指示，依靠群众，率领区队武装经常出没于敌人据点周围，进行顽强的战斗。敌人白天出动，他们就晚上出击；敌人夜晚偷袭，他们就白天奇袭；敌人正面攻，他们就藏在侧面打；敌人行军，他们就尾随其后，断其“尾巴”。李默常说：“我虽是一个上海人，但我愿意为宝应人民的解放，流尽自己最后一滴血！”在他的感召下，一些原来思想上有些动摇的干部、战士坚定了斗争的信心。

当宝应县对敌斗争形势有所缓和时，李默主动向党组织申请去斗争形势更为险恶的溱潼县。1947年春夏之交，李默调任溱潼县大垛区委副书记。大垛区河港纵横，交通便利，是敌人南来北往、东来西去的必经之地。敌人在这一带设立了许多据点，经常下乡骚扰，群众生活十分困苦。李默带领区乡干部走村串舍，访贫问苦，从帮助群众解决吃、穿问题入手，组织群众，发动群众，和群众共商对敌斗争的策略，领导群众开展“反复田、反倒租、反恶霸”斗争，很快就打开了工作局面。他的实际行动证明了他的誓言。

“当我一踏进这个战场，我随时准备必要时为党牺牲，我枪膛里的最后一颗子弹是新的，准备用来对付自己的”。1947年7月30日午夜，李默在沈伦乡复兴庄遭敌包围，不幸被捕。敌人企图将他活捉到沈伦据点，李默顽强抵抗，厉声说：“共产党人是不会投降的，要活的去没有！”敌人向他连开数枪，李默光荣牺牲，时年26岁。他坚强不屈的革命斗争精神不仅在信中得到强烈表达，在实际行动中也同样得到体现。

为纪念李默，溱潼县委将王家舍、复兴、关口等附近一带村庄命名为李默乡。20世纪80年代，兴化政府和民政部门多次对李默烈士墓园进行修缮，墓前建造了烈士纪念塔，塔上有江苏省省长惠浴宇的题词“人民功臣”，著名诗人、书法家、教育家沈尹默为李默烈士书写墓名。2000年，兴化市沈伦镇在区划调整时，将王家舍、袁家舍和陆家舍三个自然村合并，命名为李默村。

接过旗帜的弟弟李靖

“假如我牺牲了，我要求你不但跟上来，还要跑到我头里”。在险恶的战争环境里，李默在思想上早已经做好的牺牲的准备。在信中他向弟弟提出，一旦他牺牲，要接过他的革命旗帜，继续战斗。“大哥用共产党人的崇高信念，言传身教，为我端正了革命思想……”2019年8月，已经92岁高龄的李靖深情地回忆说。他拿出自己珍藏着的一本特殊纪念册，深情地抚摸着大哥李默的照片，回忆起那烽火连天的峥嵘岁月。李靖说，我是大哥思想和信仰上的“追随者”。

1944年5月初，年仅17岁的李靖在大哥李默的安排下，乘火车从上海出发，一路辗转，赶到苏北，成为一名新四军战士。李靖凭着昔日在药厂做过一年实习生的资历，在极端艰难困苦的条件下，就地取材土法上马，经过反复实验，

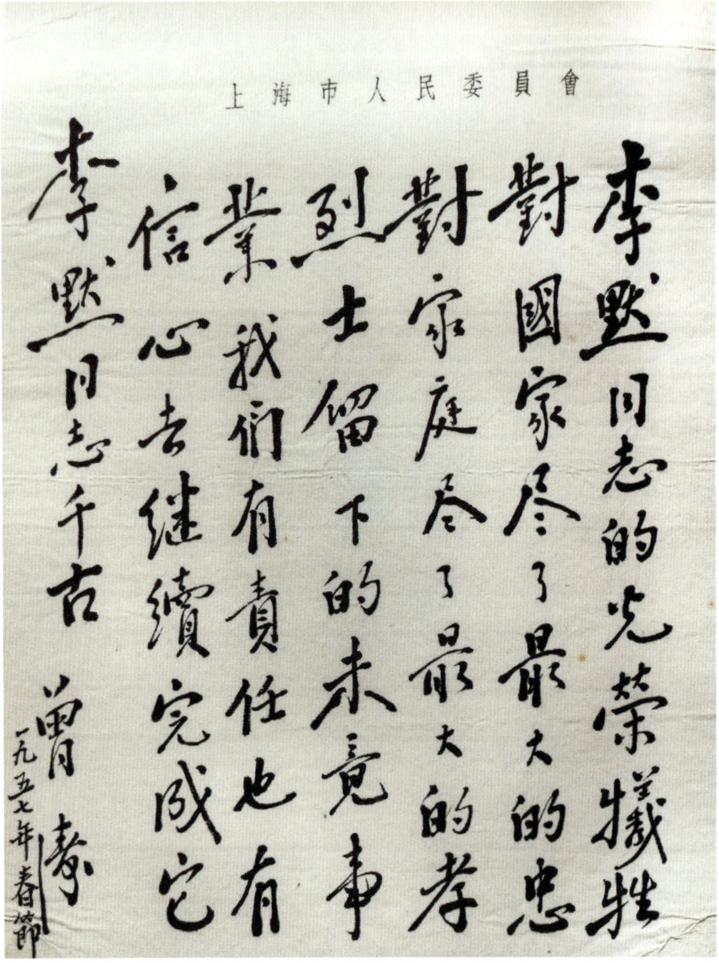
上海市人民委員會

李默同志的光榮犧牲
對國家盡了最大的忠
對家庭盡了最大的孝
烈士留下的未竟事業
我們有責任也有信心去繼續完成它
李默同志千古
曾濤
一九五七年春節

1957年曾涛题词（1943年10月，曾涛任宝应县委书记）

成功试制并生产出部队急需的药物与医疗用品，为夺取抗日战争和解放战争的胜利作出了贡献。他也成为令部队首长刮目相看的制药专家。上海解放后，李靖一直奋斗在医疗卫生行业，一生坚定革命信念，矢志不渝为党和人民工作。

红色一家人

李默父母李龙、沈桂莲两位老人在新中国成立后才得知大儿子李默牺牲的消息，他们在悲痛之余，坚持要让年仅14周岁的小儿子李敏报名参军。部队被两位老人博大的胸怀所打动，破格批准。1953年李敏从防化兵学院毕业后，坚决要求参加中国人民志愿军赴朝参战。由于其大哥已牺牲的原因，未被批准。当他得知拟被分配到华东军区时，考虑到部队离家太近的原因，坚决要求守卫海疆。最终，他被分配在广州军区，赴海南岛守边防。1960年，李敏加入中国共产党。他在部队的26年中，有16年坚守在祖国的海疆——海南岛，多次受团、师嘉奖，还荣立三等功一次，被评为“五好军官”。

新中国成立后，李默的父亲李龙以实际行动积极地为人民和社会主义建设勤奋工作，退休后还满腔热情地为社区建设作贡献。1956年，李龙被评为上海市社会主义建设积极分子。李默的母亲沈桂莲当了几十年的居委会干部，处处吃苦在前，享受在后，多次获得虹口区卫生模范、烈军属模范、上海市和虹口区社会主义建设积极分子和先进工作者的荣誉。1959年被评为全国和上海市“三八红旗手”。1962年国庆节，她还光荣地被邀请至天安门观礼台上。在20世纪五六十年代，沈桂莲的先进事迹经常在电台播出，还登载在《解放日报》《文汇报》《劳动报》《支部生活》《中国妇女》等报刊上。

从李默的一封信，到李默为革命事业献出生命，再到李默全家接过旗帜，投身中国革命和建设事业，红色一家人展现出的博大情怀、无私奉献的精神、不屈不挠的革命意志，永远值得人们学习、敬仰！

（姚俊峰）

粮食及物资一并取回来

张鹏举的一封残信

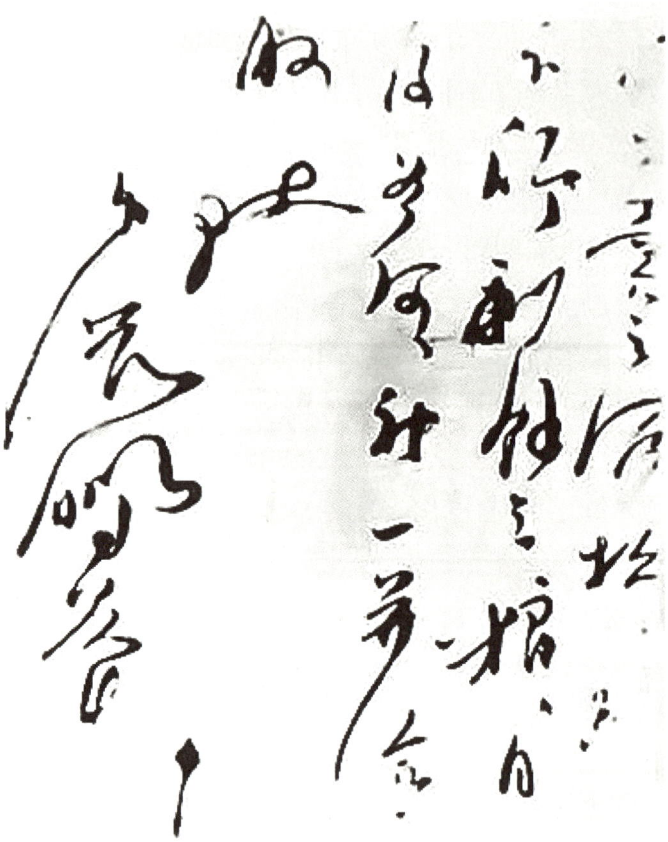

张鹏举的亲笔信

泰兴市革命烈士纪念馆展厅内有一封只有十几个字的残破信件，信是写给支援前线的人，意思大体上是让他们把所剩余的粮食以及其他一些物资，一并取回来，落款是张鹏举。这封信与1946年在泰兴地区发生的苏中战役宣泰攻坚战有关，张鹏举任泰兴县民主政府县长，他组织发动干部群众往前线送粮送草、抢救伤员、运送弹药，负责后勤工作。信件虽然只剩下一角，却见证了苏中七战七捷时，泰兴军民同仇敌忾积极拼搏、全力以赴支援前线的情形。简短的文字承载着一段珍贵的历史记忆，蕴含着浓浓的赤子初心和深厚的家国情怀。

张鹏举

坚定信念投身革命

张鹏举（1911—1947），泰兴城西乡王家巷人。他从小聪颖，成绩出众，酷爱文体活动。1928年夏，张鹏举以优异成绩考入江苏省立吴江乡村师范。吴江乡师校长唐昌言为民主进步人士，校内民主气氛较浓。1931年，九一八事变爆发，激起了全国人民的抗日怒潮。

张鹏举故居（现位于泰兴市延令街道财巷村）

张鹏举以学校“学生自治会”负责人的身份，积极宣传抗日，抨击国民党反动当局的不抵抗主义，要求蒋介石出兵抗日，并组织全校学生在吴江城关进行游行示威，号召商家和群众抵制日货，反对日本帝国主义的侵略。张鹏举还参与了学校组织的“绿波社”，积极为《绿波》刊物撰稿，广泛宣传抗日救国主张。

1932年夏，张鹏举先后在武进南宅、江浦镇、扬中县三茅镇、泰兴大有市、刁铺等地任小学教员。1937年七七事变后，张鹏举回到老家泰兴，积极开展抗日救国活动。1939年秋，张鹏举终于找到了中国共产党泰兴地下组织，不久，加入了中国共产党。1940年7月，新四军东进黄桥，泰兴县、区抗日民主政权建立，张鹏举被委任为八区（后称蒋华区）第一任区长。随后又调县政府任秘书，1944年春，任泰兴县抗日民主政府县长。

保卫抗战胜利果实

1945年8月，日本投降。张鹏举和县委书记莫珊动员、组织全县党政军民开展大反攻，攻占大批敌伪据点。9月12日，配合分区主力部队光复泰兴城。9月16日，张鹏举兼任泰兴城防司令。为赈济难民，张鹏举决定县政府发粮5万斤，

宣家堡群众慰问华野指战员

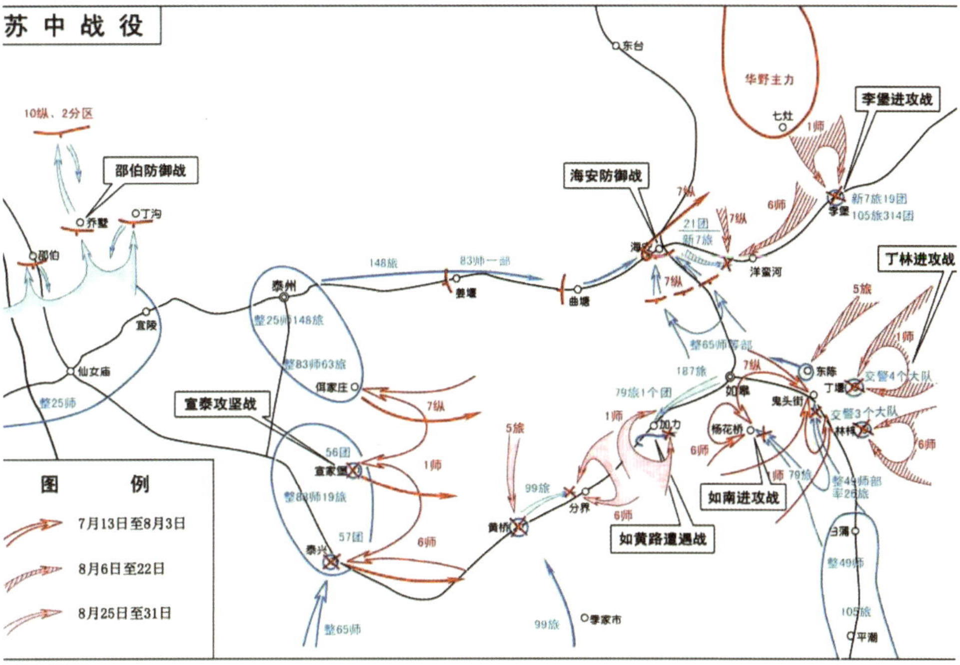

苏中七战七捷示意图

发放贷款2万余元，支持156户小商贩恢复营业。10月上中旬，苏浙军区部队和苏南部分地方干部奉命渡江北撤。为保证部队及辎重顺利通过泰兴县境，张鹏举命令生产建设科在5天内抢修溪桥。为安定社会秩序，保证照明，在缺煤的情况下，他又从各处调棉饼、豆饼给电厂作燃料，使电厂正常供电。

国民党军队违背“双十协定”，派二十六师七十五团、七十七团从扬中县经过船港，大举进犯泰兴城。县政府机关被迫撤到农村。在县委的统一部署下，张鹏举和新任县委书记叶梯青一起，领导全县人民开展了轰轰烈烈的锄奸反霸斗争和减租清算运动。至1946年春，全县已有130多个乡发动了21万多人参加锄奸反霸的斗争，有力地维护了泰兴县的稳定和发展。

全力以赴支援前线

1946年6月26日，国民党政府发动全面内战。泰兴人民也和全国人民一样，全力投入解放战争。闻名全国的苏中“七战七捷”的首尾两战就发生在泰兴地区。战斗期间，张鹏举组织干部深入基层，发动群众送粮送卓、抬伤员、运弹药，在人力、物力方面保证了战斗的顺利进行。泰兴地方武装积极参战、人民群众全力支前，为保障战役的胜利发挥了重要作用。

泰兴地方武装主要承担警戒、阻击的任务。宣泰战斗打响后，敌人妄图进攻如皋，泰兴独立团团长彭桂卿率三个县团进行阻击，坚持两天，杀敌近一百人，迟滞了敌人调兵时间，为主力部队东调赢得了时间，创造了之后如南战斗的战机。7月15日，副团长赵容率领地方武装在城黄线上滞敌三天，保证了驻黄桥党政人员及物资安全转移。如黄路战斗期间，县团阻击黄桥东去之敌九十九旅一部，不让其越过分界。主力部队到达后，县团又奉命阻击黄桥东来援之敌，保障主力部队后侧安全。

泰兴党政干部领导二十万群众积极参加各项战勤工作，动员青年参军，奋勇支前。县委书记叶梯青、县长张鹏举受命担任驻钱家荡的古溪后勤站负责人，指挥调度黄桥和雅周、古溪、新街、溪桥、珊瑚等区的支前工作。为了集中力量支援攻城的主力部队，县政府在庙头庄、西雁岭、老叶庄设立支前后勤站，先后调度泰兴县东、北部几个区以及来自海安、东台、如皋、泰县的民工两万余人，承担了大量的战勤工作，保证部队需要。

1946年9月25日，华野干部会议上，粟裕发表《苏中七战七捷的概

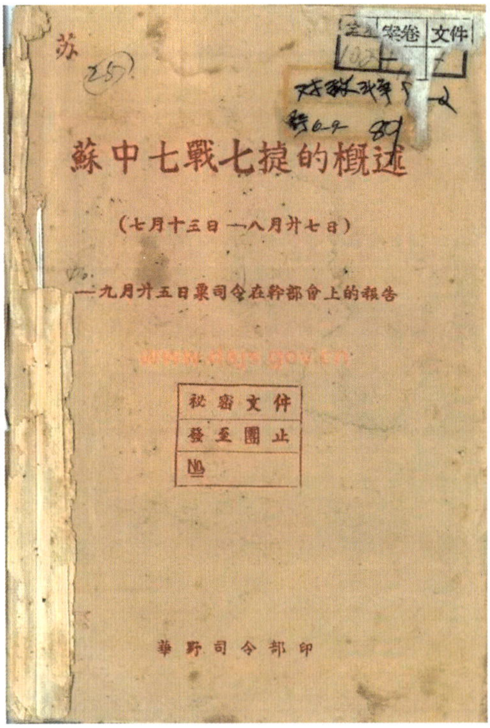
蘇中七戰七捷的概述

（七月十三日—八月廿七日）

—九月廿五日粟司令在幹部會上的報告

秘密文件
發至團止
№

華野司令部印

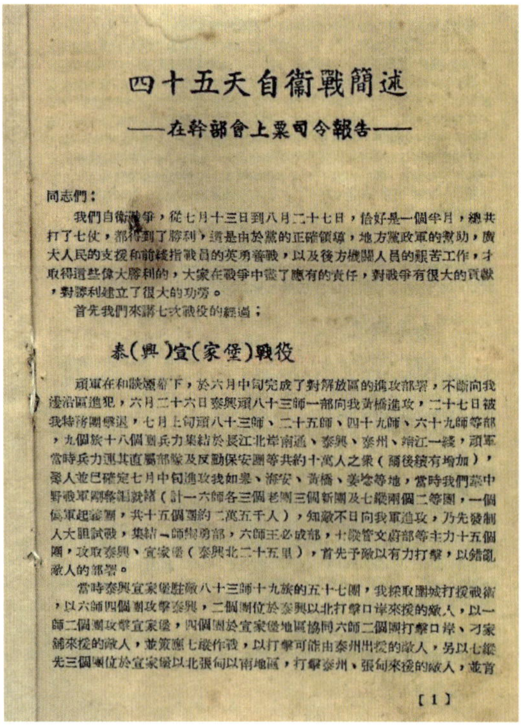
四十五天自衛戰簡述

——在幹部會上粟司令報告——

同志們：

我們自衛戰爭，從七月十三日到八月二十七日，恰好是一個半月，總共打了七仗，都得到了勝利，這是由於黨的正確領導，地方黨政軍的幫助，廣大人民的支援和前綫指戰員的英勇奮戰，以及後方機關人員的艱苦工作，才取得這些偉大勝利的，大家在戰爭中盡了應有的責任，對戰爭有很大的貢獻，對勝利建立了很大的功勞。

首先我們來講七次戰役的經過；

泰（興）宣（家堡）戰役

頑軍在和談煙幕下，於六月中旬完成了對解放區的進攻部署，不斷向我邊沿區進犯，六月二十六日泰興頑八十三師一部向我黃橋進攻，二十七日被我特務團擊退，七月上旬頑八十三師、二十五師、四十九師、六十九師等部，九個旅十八個團兵力集結於長江北岸南通、泰興、泰州、靖江一綫，頑軍當時兵力連其直屬部隊及反動保安團等共約十萬人之衆（隨後續有增加），敵人並已確定七月中旬進攻我如皋、海安、黃橋、姜堰等地，當時我們華中野戰軍剛剛整編就緒（計一六師各三個老團三個新團及七縱兩個二等團，一個偽軍起義團，共十五個團約二萬五千人），知敵不日向我軍進攻，乃先發制人大膽試戰，集結一師陶勇部，六師王必成部，七縱管文蔚部等主力十五個團，攻取泰興、宣家堡（泰興北二十五里），首先予敵以有力打擊，以錯亂敵人的部署。

當時泰興宣家堡駐敵八十三師十九旅的五十七團，我採取圍城打援戰術，以六師四個團攻擊泰興，二個團位於泰興以北打擊口岸來援的敵人，以一師二個團攻擊宣家堡，四個團於宣家堡地區協同六師二個團打擊口岸、刁家鋪來援的敵人，並策應七縱作戰，以打擊可能由泰州出援的敵人，另以七縱先三個團位於宣家堡以北張甸以南地區，打擊泰州、張甸來援的敵人，並肯

【1】

粟裕关于苏中七战七捷的概述

泰兴杨村庙纪念馆内叶梯青、张鹏举塑像

述》，概述中特别提到：“由于党的正确领导，地方党政军的帮助，广大人民的支援和前线指战员的英勇善战，以及后方机关人员的艰苦工作，才取得这些伟大胜利的。”

英勇不屈壮烈牺牲

1947年2月6日，敌人将珊瑚区张家庄一带搜捕的干群数百人集中于野庙垛。次日，敌人用机枪扫射，杀死被捕干群360余人。各地的土顽（国民党反动地方武装）也大肆杀人放火。面对这种恶劣形势，张鹏举怒火中烧，他不顾一切，夜以继日地工作，找干部了解情况，研究对策，进行新的部署，找群众谈心，掌握动向，鼓励大家团结一致，共同奋斗，消灭敌人。

3月，敌人对泰兴解放区进行大“会剿”。16日夜，张鹏举、叶梯青和县团团长赵容等负责同志，率县、区机关干部和县团（实际只有3个连）插入城黄区林家埠宿营，准备次日进入城黄路南，以恢复失去的阵地。张鹏举和城区干部谈好工作后，转移到距县城约10多里路的姚家庄宿营。17日凌晨，国民党

1950年1月5日，泰兴人民为叶梯青、张鹏举举行公葬

张鹏举烈士之墓

一〇二旅5个机动营及两泰反动保安大队2000余人，分别由县城、姚家埭、黄桥、宣家堡等据点出动“会剿”。县委和县团领导决定向北突围。为掩护县直机关干部和群众撤退，迟滞了县团突围的有利时机。在敌人重重火力封锁下，张鹏举等突围到鞠顾庄东时，不幸落入敌手。

敌人轮番审讯张鹏举，终无所得。1947年4月11日，张鹏举被押赴刑场。临刑前，张鹏举直立不肯下跪，敌人对准他的膝弯打了几枪，他仍然屹立着，高呼：“中国共产党万岁！”当敌人向他射出第6颗罪恶的子弹时，张鹏举才歪扭着身躯慢慢地倒下去。忽然，他又以惊人的毅力，神奇般地挣扎着站立起来，吓得敌人目瞪口呆。一个敌排长上去按住他的肩膀，张鹏举用尽最后一点力气，转过头来咬住那家伙的手臂……这个被黄桥人誉为“不平凡的人”才最后倒在血泊之中。

张鹏举壮烈牺牲后，华中一专署专员汪海粟在1947年7月1日的《江海导报》上撰文悼念张鹏举：“……他，是中国人民的优秀儿子，从被敌人攫去了肉体生命的第一分钟起，就保持了自己政治生命的纯洁，保持了革命贞操的神圣不可侵犯。他骂尽了卑劣无耻的蒋匪汉奸，封建恶棍，使狼群鼠辈羞容满面，低头无语。‘慷慨赴死易，从容就义难’，鹏举同志既做到了慷慨赴死，又做到了从容就义，这就永远活在人民心头。”曾和张鹏举一起突围的泰兴县独立团团长赵容评价他：“忠贞、倔强、勇敢，一切共产党员应有的高尚品格，在他被捕以后都充分表现出来了。”

这封残缺的信件，忠实地记录了泰兴人民支援前线的场景，见证了革命战争年代军民之间的鱼水深情。历史虽已远去，但我们党同人民群众的血肉联系却日益紧密。时代虽然在变，但我们党为人民谋幸福的初心却未曾改变，它如同璀璨的星辰，指引着国家前行的方向，照亮着民族复兴的道路。

（金　凤）

以决死之心

朱传春写在嘉奖令上的遗书

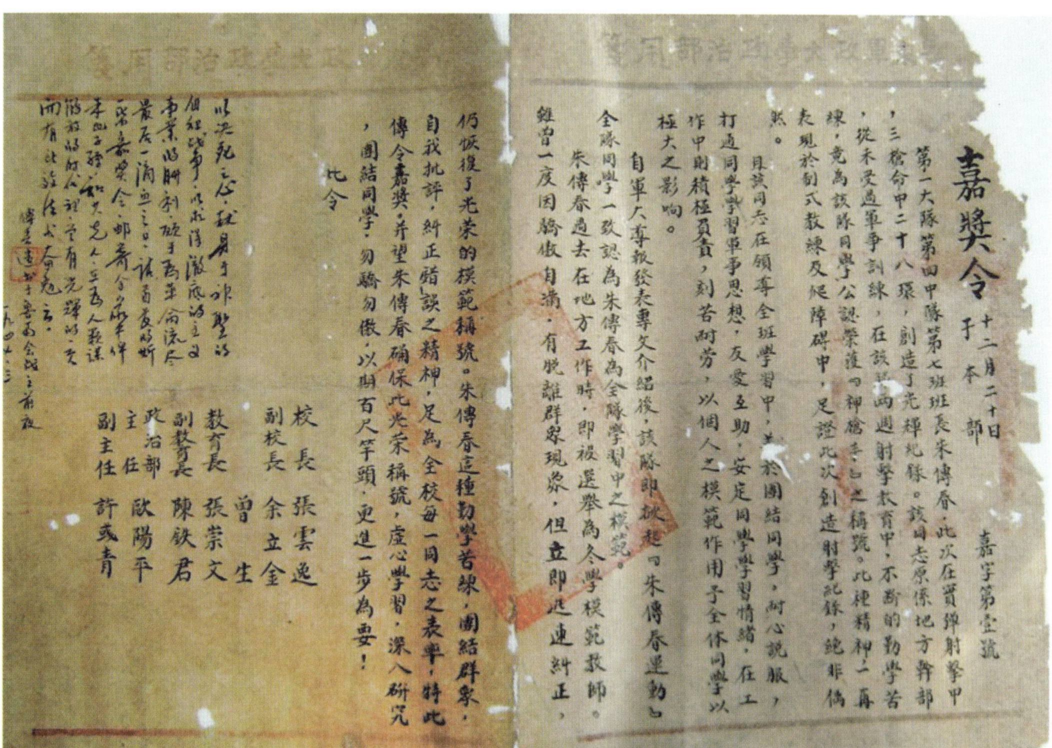
嘉奖令 嘉字第壹號
十二月二十日 于本部

第一大隊第四中隊第七班班長朱傳春，此次在實彈射擊中，三槍命中二十八環，創造了光輝紀錄。該同志原係地方幹部，從未受過軍事訓練，在該兩週射擊教育中，不斷的勤學苦練，竟為該隊同學公認榮獲“神槍手”之稱號。此種精神，再表現於新式教練及越障礙中，足證此次創造射擊紀錄，絕非偶然。

且該同志在領導全班學習中，善於團結同學，耐心說服，打通同學學習軍事思想，友愛互助，安定同學學習情緒，在工作中則積極負責，刻苦耐勞，以個人之模範作用予全體同學以極大之影响。

自軍大導報發表專文介紹後，該隊即掀起“朱傳春運動”，全隊同學一致認為朱傳春為全隊學習中之模範。

朱傳春過去在地方工作時，即被選舉為冬學模範教師。雖曾一度因驕傲自滿，有脫離群眾現象，但立即迅速糾正，仍恢復了光榮的模範稱號。朱傳春這種勤學苦練，團結群眾，自我批評，糾正錯誤之精神，足為全校每一同志之表率，特此傳令嘉獎，并望朱傳春確保此光榮稱號，虛心學習，深入研究，團結同學，勿驕勿傲，以期百尺竿頭，更進一步為要！

此令

校長 張雲逸
副校長 余立金
曾生
教育長 張崇文
副教育長 陳鐵君
政治部主任 歐陽平
副主任 許彧青

第一号嘉奖令

“以决死之心，献身于神圣的自卫战争，以求得彻底的主义事业的胜利，愿于为革命流尽最后一滴血之日，请首长将斯一纸嘉奖令邮寄余家中给朱氏子孙，知其先人在为人类谋解放的时代里，曾有光辉的一页，而有此效法求奋勉云。传春遗书于鲁南会战之前夜一九四七·三。”

这是朱传春在1947年3月写在华东军事政治大学数月前颁发给他的《嘉奖令》上的一封家书。这段文字，诠释了一个革命者坚定不移的信仰，一个战士视死如归的精神，一个普通人家风传承的美好愿望。

第一号《嘉奖令》

朱传春，1922年出生，江苏靖江人，1938年参加革命，1942年加入中国共产党，在敌占区以教师身份作掩护从事地下工作，后转入新四军。1946年，朱传春作为地方干部进入华东军事政治大学学习训练。

1946年11月，华东军事政治大学

朱传春（1948年摄于曲阜）

在山东省莒南县大店镇成立，华东军区副司令张云逸兼任校长。1946年12月，华东军事政治大学颁布第一号《嘉奖令》，记述学员朱传春在从未接受军事训练的情况下，在两周内创造实弹射击3枪28环的光辉记录，荣获“神枪手”称号。学校将朱传春作为典型进行宣传，并在校内开展学习朱传春运动。《嘉奖令》写道：“朱传春这种勤学苦练、团结群众、自我批评、纠正错误之精神，足为全校每一同志之表率，特此传令嘉奖。”

学员李坚民后来在《回忆华东军大开展“学习朱传春运动”》一文中这样描述朱传春：“天冷，他不怕冻；地湿，他不怕脏；身笨，他不怕丑；久练，他不怕累；练不好，他不自馁；练得好，他不自满……作为班长，朱传春忠厚老实，关心每位同学。只要和老朱一接触就觉得温暖。很多同学都亲切地把他唤作老大哥。”生动展现一个笃定笃行、朴实光辉的新四军战士形象。

战前明志

1947年1月，中国人民解放军山东野战军和华中野战军在山东省鲁南地区对国民党军发起进攻。鲁南战役（主战场位于费县境内）是解放战争时期山东战场上著名的战役之一，它是继宿北战役之后，山东野战军与华中野战军会合进行的第二个大歼灭战，亦称“峄枣战役”。此战历时19天，歼灭国民党军两个整编师，开创了解放战争以来歼敌最多的新纪录。战役结束后，陈毅写下《鲁南大捷》诗篇：“快速纵队起如飞，印缅桂来自鼓吹。鲁南泥泞行不得，坦克变成废铁堆。快速纵队今以矣，二十六师汝何为。徐州薛岳掩面哭，南京蒋贼应泪垂。”

1947年3月上旬，国民党全面进攻失败后，遂调集45万大军，气势汹汹地向山东解放区实施重点进攻。华东野战军在陈毅司令员的巧妙指挥下，迅速由鲁南向鲁中腹地转移，诱敌深入，先后在泰安、孟良崮打了两个漂亮的歼灭战，重创了敌军，从而取得了粉碎敌人重点进攻的决定性胜利。在战场上，朱传春以决死之心，冲锋陷阵，参加过大小8次战斗。

“请首长将斯一纸嘉奖令邮寄余家中给朱氏子孙，知其先人在为人类谋解放的时代里，曾有光辉的一页，而有此效法求奋勉云。”朱传春请首长在他牺牲后将《嘉奖令》寄给家中，一方面是让朱氏子孙了解他为解放事业勇于牺牲的决心，另一方面，是对家人的嘱托，希望子孙后代继承他的遗志，体现了他对家族强烈的责任感。他那个时候还没有结婚生子，这段朴实无华的话语，默默地诉说着那个年代的人和那个年代的故事。

精神不灭

新中国成立后，朱传春到福州军区工作，时为军区党委成员中唯一的团职党委委员，在工作和生活中，他始终保持革命者的本色。1975年，朱传春因病去世，未给子孙留下只言片语。相当长的一段时间里，这成了家人挥之不去的心结。1999年，朱传春的儿子朱榕斌在靖江老家第一次见到这张“带着遗嘱的嘉奖令”。

在朱榕斌的记忆中，父亲无论是对待国家还是对待组织，永远怀着最热忱的赤子之心，敢于牺牲，不求回报。而在生活中，父亲公私分明，从来不利用自己的职权为家人牟取一丝一毫的利益。除了严于律己，朱传春对于子女，要求也十分严格。每年，朱传春都会带着子女参加“双抢”（抢收抢种），培养子女的劳动观念和吃苦耐劳精神。

朱榕斌一直精心保存着父亲的这份嘉奖令。2011年，在征得家人同意

山东省莒南县大店镇华东军事政治大学校部旧址

后，朱榕斌将这份珍贵的嘉奖令捐赠给南昌新四军军部旧址陈列馆。朱榕斌说："父亲留给他们最珍贵的遗产不是物质上的，而是精神上的。勇于牺牲，不慕名利，严于律己，以身作则，这是父亲留给朱家子孙后代最珍贵的精神遗产。"

如今，这张《嘉奖令》纸张已发黄变脆，边角残缺，既无华丽的装饰，也无炫目的色彩，但却以其质朴的面貌见证了朱传春对革命事业的崇高信仰和愿血洒疆场的坚定决心，以及一位革命先辈对子孙后代的殷切厚望，短短100多字，读来荡气回肠，令人感慨万千。战火硝烟已经远去，但留下的精神永远不能磨灭。

（范晓青）

我们要跟上前进

周奋给妻子的信

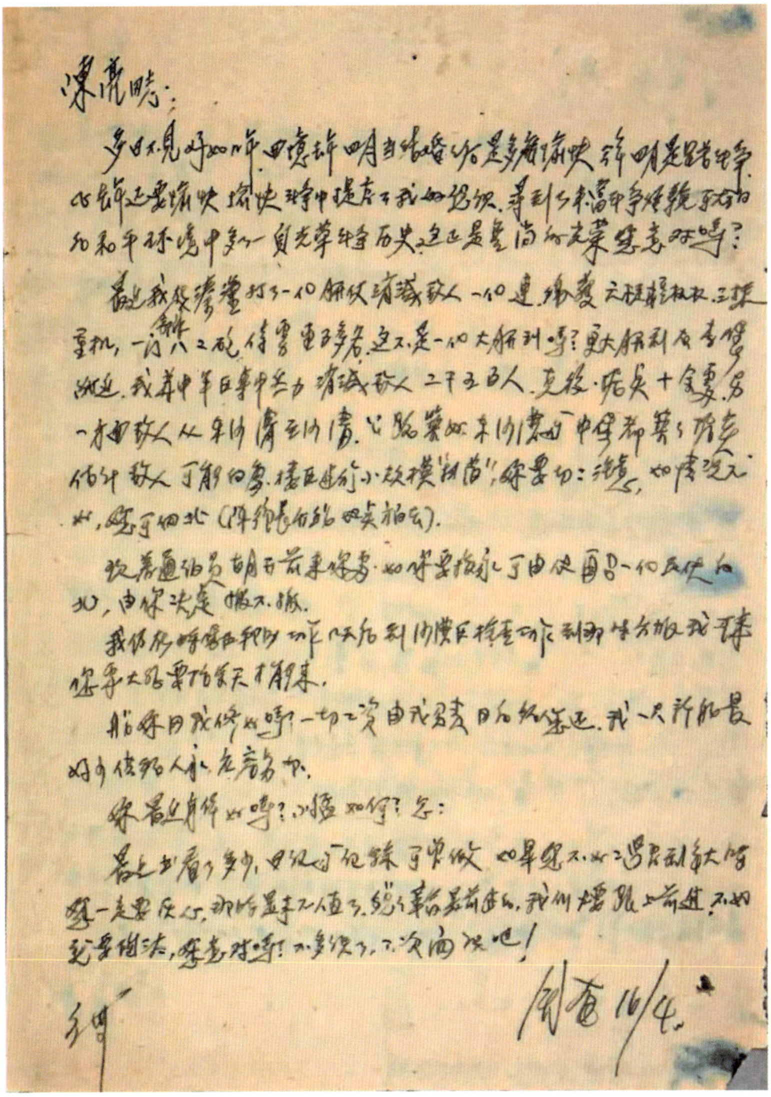

周奋写给妻子陈亮的信（现存于上海中共一大会址纪念馆）

周奋

“多日不见好如几年，回忆去年四月当结婚之后是多么愉快，今年四月虽艰苦斗争，比去年还要愉快，愉快斗争中提高了我的认识，寻到了丰富斗争经验……多了一页光荣斗争历史。”“总之革命是前进的，我们要跟上前进，不如（然）就要（被）淘汰。”

这是在上海中共一大会址纪念馆珍藏的烈士周奋在结婚一周年之际写给妻子陈亮的信，也是他在牺牲前送出的最后一封家书。

“最近我部队在溱潼打了一个胜仗，消灭敌人一个连，缴获六挺轻机枪、三挺重机（枪），一门八二炮……”“更大胜利在李堡附近，我苏中军区集中兵力消灭敌人二千五百人，克攻据点十余处……”，在这封信中，周奋用较大篇幅向陈亮介绍了他和战友们杀了多少敌人、占领了多少敌人的据点。前仆后继、奋勇杀敌的动人场景，展现了周奋不怕牺牲的革命英雄主义精神，也流露出他对妻儿的一片深情。

1917年10月3日，周奋出生于浙江鄞县瞻岐一户普通的篾匠家庭。5岁时，周父因病去世，周母远赴上海做杂工养活周奋兄弟俩。为减轻母亲压力，只读了几年书的周奋，先后做过篾匠、服装店徒工、饭店服务员、医院工人，后到上海慈善联合总会学习驾驶和修理技术。坎坷的人生，艰难的岁月让他对黑暗的旧社会充满了仇恨。他通过阅读进步书刊，接触进步青年，逐渐树立起革命人生观。1938年，他担任上海女子中学英文教员。

1941年“皖南事变”后，党需要大批干部到苏北、苏中地区开展工作，周奋经人介绍，离开上海投身革命，到苏中三分区如西县委工作，先后担任夏今营文化教员、民运工作队队长、如西县芦港区农抗会长。1942年7月，周奋加入中国共产党。

1943年5月，周奋任如西县马塘区区长，坚持深入基层发动群众，培养基层干部，关心战士，很快打开了马塘区的工作局面。1944年上半年，周奋调任浦西区区长，他非常关心军烈属的生产和生活，常将自己的口粮和衣服，送给体弱多病的群众，使战士们在前方安心杀敌。1945年2月22日，新四军苏中一团与沙沟、崔垛、中堡、时堡据点的日伪军激战12小时，全歼守敌7000余人，解放了沙沟城，并于3月9日成立苏中解放区的第一个市政府——沙沟市政府。为建设新区、巩固根据地，刚从地委党校学习归来的周奋被任命为沙沟市副市长。

1945年9月1日，兴化城解放，经苏中区党委批准，沙沟市与兴化县合并，并于年底重新组建沙沟县。1946年6月26日，蒋介石悍然撕毁“双十”协定，全面内战爆发，国民党向解放区大举进攻。1946年7月，周奋任沙沟县县长。沙沟地处前哨，斗争相当紧张，周奋发动群众，支援前线斗争，日夜奔忙。为适应斗争形势，上级决定撤销沙沟县，周奋调二分区建设专科学校工作。1947年春，周奋调任高邮县副县长。当时高邮县大部分地区被国民党军队侵占，白色恐怖严重，斗争异常艰苦，个别干部产生畏难情绪。为开辟前方工作，必须组织一批同志打入敌人心脏。周奋临危受命，赶赴最危险的敌占区时沙地区工作。

革命犧牲工作人員家屬光榮紀念證
上海字第 00094 號
查周奮同志在革命鬥爭中光榮犧牲，豐功偉蹟永垂不朽，其家屬當受社會上之尊崇。除依中央人民政府「革命工作人員傷亡褒卹暫行條例」發給其家屬卹金外，并發給此證以資紀念。
主席 毛泽东
一九五五年十月廿六日

周奋烈士家属光荣纪念证

記周奮同志的犧牲·

「爲勝利而來爲勝利而去，留得英名垂宇宙」

民国三十六年（1947）五月十五日的《人民报》刊登《记周奋同志的牺牲》

周奋在沙沟任职期间，陈亮由苏中公学调任沙沟银行金库会计、政治教导员。两位有着共同革命志向的年轻人，因工作关系经常接触，渐渐地从相识走到相知，从相知走到相恋。1946年春，周奋和陈亮在沙沟一幢民房内，举办了简朴的婚礼。两人除了随身行李外，其他什么结婚用品也没有。

周奋除了严格要求自己外，对爱人要求也很严格。有一天，正处于孕期的陈亮挺着大肚子要去地委开会。当时正下着大雨，她要背着包步行十几里路才能乘上车。有关领导获悉后要派人送陈亮一程，周奋知道后立即拒绝，并表示：“不行。不能因为是我的爱人就特殊化。”陈亮听后，二话没说，立即背起背包冒雨独自前往。陈亮后来在回忆录中写道：“周奋这样做既教育了我，又锻炼了我。从内心讲，反而加深了我俩的感情。”

周奋带领全区干部深入农村，发动

群众抗丁、抗粮、抗税、抗租，积极开展武装斗争。他率领武工队武装穿插，时而化装成商人，时而化装成渔翁，同敌人周旋，同敌人战斗。战斗在敌区腹地的周奋，一心扑在革命事业上，妻子生产时都顾不得回家，直至孩子快满月才抽空回去探望。随着大部队北撤，上级安排周奋随队行动，但需留下部分同志坚持原地斗争。在这生死关头，周奋坚决要求留下，他说："我是市长和县长，在这危难时刻我不能离开人民。"1947年4月21日，周奋率武工队在时堡区开展革命活动。次日清晨，武工队遭受国民党军队袭击。他沉着指挥武工队边打边向芦苇荡撤退，自己殿后掩护，最后因敌众我寡，子弹打尽，脚被戳伤。敌人搜荡时，周奋在仲寨河南荡边被捕。

在敌人面前，他临危不惧，大义凛然，慷慨陈词，痛击国民党反动派的要害。敌人押他在沙沟镇大街上游行，他当着广大群众，边走边控诉国民党反动派的可耻罪行。4月23日，周奋被押赴刑场，他从容镇定，一路高呼："共产党万岁！""打倒反动派！"最后，他被敌人连刺十几刀，壮烈就义，年仅30岁。4月25日，当地3名群众冒着生命危险，偷偷将周奋的遗骸收殓入土。

周继奋在周奋纪念室内留影

周奋夫人陈亮和儿子周继奋在高邮革命烈士纪念馆

“最后一封家书充分体现了父亲‘心有所信、方能行远’的坚定理想信念和对和平生活的热切期待，信中一再提及对‘和平环境’的向往。”周奋烈士的儿子周继奋说。

在刑场上高呼“共产党万岁”的铮铮男儿周奋，在给妻子的信中充满了柔情和牵挂。他在信中写道“你最近身体好吗？小猛如何？”

“那时候，我只有三个月大。爸爸在信中念念不忘地关心着我。每当看到这封信，就好像看到了父亲。”周继奋在回忆录中写道：1947年5月1日，召开了周奋烈士追悼大会，党政军民一千多人涌来参加大会。同志们慷慨激昂，含泪纷纷表示：“誓为周奋同志报仇雪恨！”“烈士的血不会白流！”“向反动派讨还血债！”口号声响彻会场，场面十分悲壮。在这次大会上，母亲捐出所有抚恤金，提出买枪弹为烈士们报仇。上级党组织又批准了母亲的申请，在大会上正式宣布：将出生才三个月的我由“周猛毅”改名为“周继奋”，希望我继承父业，为革命奋斗终生。

周奋牺牲后，陈亮作为家属从不以此居功，她也不准儿子利用父母光环走捷径。周继奋从“三班倒”工人做起，勤学苦干，依靠自己的能力和技术，从普通工人成长为上海第一批八级电工、技师，直至高级技术人员。2015年，上海市松江区“老兵讲故事”团队成立，作为上海新四军历史研究会会员、宝山区双拥模范个人的周继奋，经常深入社区、单位、部队、学校义务宣讲红色故事，至今听众超过六万人次。1977年4月23日，正巧是周奋烈士牺牲整整三十周年这一天，周继奋的孩子出生了，为了让她永远记住爷爷的遗志，周继奋给她取名为周忆。

1956年，时堡镇被命名为周奋乡，以永志烈士的英名。1987年3月，周奋乡在乡政府所在地崔垛三村建立周奋烈士陵园。1997年10月，周奋烈士陵园被命名为兴化市爱国主义教育基地和国防教育基地。

“杀了我一个周奋，还会有千万个周奋站起来！”这是周奋对革命必胜的信心。周奋的一生虽短暂，但他却用生命书写了无悔忠诚。

（吴泓蜜）

一个光荣的行动

抗美援朝总会给姜堰小学的信

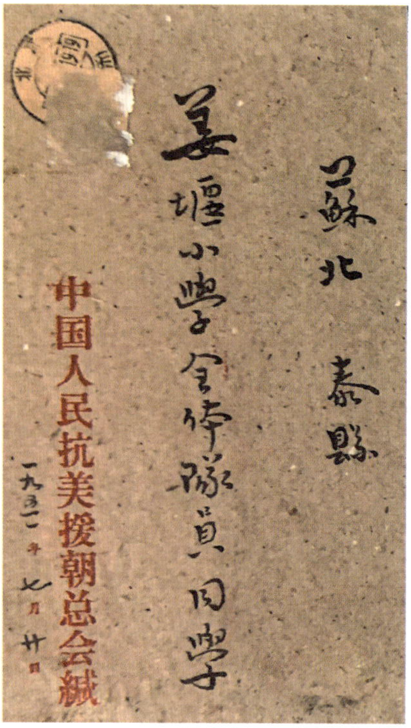

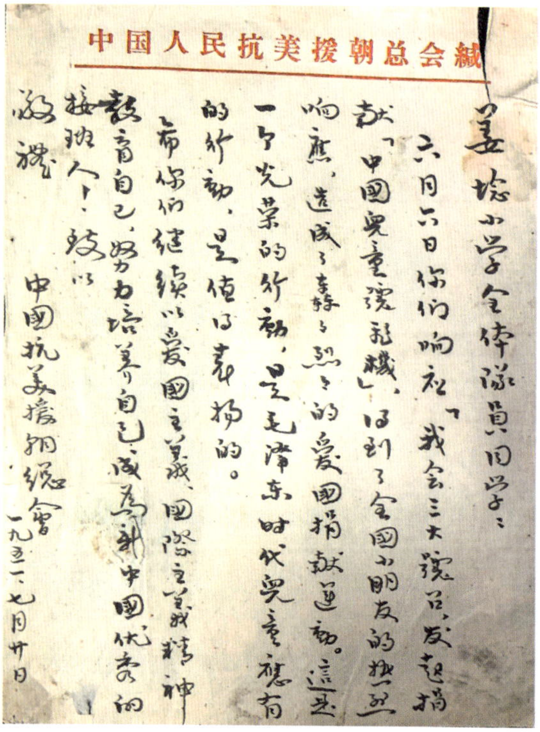

中国人民抗美援朝总会缄

姜堰小学全体队员同学：

六月六日你们响应"我会三大号召"，发起捐献"中国儿童号飞机"，得到了全国小朋友的热烈响应，造成了轰轰烈烈的爱国捐献运动。这是一个光荣的行动，是毛泽东时代儿童应有的行动，是值得表扬的。

希你们继续以爱国主义、国际主义精神教育自己，努力培养自己，成为新中国优秀的接班人！

致以

敬礼

中国抗美援朝总会

一九五一 七月廿日

中国人民抗美援朝总会致姜堰小学全体队员同学的信

牛皮纸的封皮卷起了毛边，这份珍贵的档案是1951年7月20日中国人民抗美援朝总会写给苏北泰县姜堰小学全体队员同学的信，信中写道："你们响应我会'三大号召'，发起捐献'中国儿童号飞机'，得到了全国小朋友的热烈响应，造成了轰轰烈烈的爱国捐献运动。这是一个光荣的行动，是毛泽东时代儿童应有的行动，是值得表扬的。希你们继续以爱国主义、国际主义精神教育自己，努力培养自己成为新中国的优秀接班人！”仔细读来，让人思绪回转，70多年前姜堰小学少年儿童发起倡议筹款捐献飞机、支持抗美援朝运动的画面鲜活铺陈开来。

一纸倡议　全国响应

1950年10月19日，中国人民志愿军跨过鸭绿江，入朝作战。这是新中国的一场“立国之战”，更是保卫家园的“卫国之战”，但这场战争也是交战双方力量极其悬殊条件下进行的一场现代化战争。当时的新中国还正在整理旧中国留下的千疮百孔的烂摊子，美军武器装备精良，后勤补给迅速，面对“敌有我无，敌多我少，敌优我劣”的巨大差距，战斗异常艰巨。

为使英勇善战的志愿军指战员能够以更小的牺牲消灭更多的敌人，在战场的后方，举国支援前线。1951年6月1日，中国人民抗美援朝总会发出捐献飞机大炮的号召。6月3日，泰县姜堰小学校长周立人、副校长李平子组织全校师生率先向全国小朋友发出筹款捐献“中国儿童号”飞机的倡议。

姜堰小学全体儿童一致举手通过捐献“中国儿童号”飞机倡议

全国各小学亲爱的小朋友们：

为了响应中国人民抗美援朝总会关于开展捐献飞机大炮活动的号召，支援志愿军叔叔早日打败美国狼，我校全体同学经过详细讨论后，大家决定自愿节省糖果钱，用来购买飞机。六月份，我们保证首先捐献十万元，本年内保证捐献五十万元。我们想：全国有千千万万的小朋友，只要大家共同行动起来，积少成多，一定可以购买好多架飞机。我们建议把这些飞机命名为“中国儿童号”机队。

全国亲爱的小朋友们！为了争取抗美援朝的迅速胜利，为了帮助朝鲜儿童早日得到和平幸福的生活，大家踊跃地捐献吧！最后让我们高呼：

伟大的祖国万岁！

毛主席万岁！

苏北泰县姜堰小学全体儿童

一九五一年六月五日

泰县姜堰小学发出的倡议书

倡议一经发起，一股“捐机”热潮迅速在姜堰小学掀起。同学们有的捐出了节省下来的糖果钱、文具纸张钱、娱乐钱，有的捐出了勤工俭学、拾废捡旧的所得款，还有的甚至捐出了祖辈留下金银家私……仅一周时间，捐款达十万元（旧币），至7月底，捐款总数达100万元（旧币）。

捐机倡议书发出后，苏北人民广播电台、中央人民广播电台全文播送，《人民日报》《苏北日报》《解放日报》《文汇报》《新民晚报》等报纸均刊载转发。全国各地的少年儿童纷纷响应，给姜堰小学师生写信声援“捐机”活动，“糖果买飞机”的声势不断扩大。

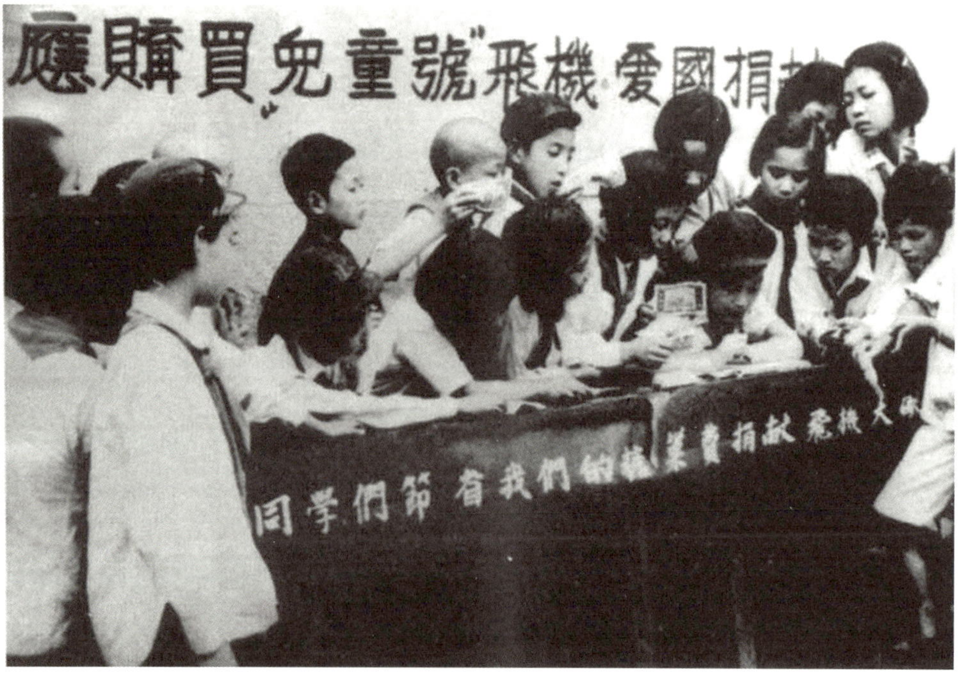

姜堰小学少年儿童把省下的糖果钱投入捐献箱

学生踊跃捐款

历史是最好的教科书。为记录和传承这一光辉历史，李平子副校长制作了《毛泽东时代的儿童》《捐献儿童号飞机影集》2本纪念册，其中，《毛泽东时代的儿童》被中国人民革命军事博物馆珍藏。那架由姜堰小学师生发出倡议、全国少年儿童捐献的“中国儿童号”（后更名为“中国少年先锋号”），如今陈列在中国航空博物馆。

拳拳之情　根植于心

姜堰小学少年儿童“捐机”举动，源于根植于心的爱国教育，从历史文化溯源中寻求独到的精神力量。

泰县姜堰小学其前身为创办于光绪三十年（1904）的同化两等学堂，辛亥元年（1911）姜堰商会丁植青会长将其扩建成泰县县立第三高等小学，胡源泰茶庄胡炳衡捐资500块银元。1923年，更名为泰县县立第三小学校。1929年，更名为县立第二中心小学。1932年，更名为模范小学。1935年，更名为泰县县立姜堰模范小学。1941年，校址被汪伪军队占驻，学校停办。抗战胜利后，在北大街东岳庙成立中正小学，校长徐学韩。1949年，更名为上坝小学，同年学校由初小发展为完全小学。1951年，县立草河小学、石桥小学、私立崇儒小学并入该校，校名改为姜堰小学。

1951年4月11日，《人民日报》刊登了魏巍的报告文学《谁是最可爱的人》，在泰县姜堰小学的师生中激起了强烈的反响。4月13日，师生们去车站欢迎中国人民志愿军归国代表，场面异常热烈。志愿军窦少毅在学校操场为学生们作了一次特殊报告。窦少毅讲述了朝鲜战场的斗争形势后，斗志昂扬地说：“我们不怕艰苦，我们不怕牺牲。我们有决心和信心打败美国侵略者。但我们缺乏的是飞机，如果我们有了大批飞机，就能有力地痛击敌人！”“全国人民多支援我们一份武器装备，我们就少流一次血。”这些铿锵有力的话语在少年儿童的心里种下爱国的种子。

捐献儿童号飞机影集

随后，学校广泛开展多种形式的以爱国主义教育为中心的思想政治教育。语文课上，指导学生写《给志愿军叔叔的一封信》；历史课上，讲述中华民族光荣的爱国传统；音乐课上，教学生唱《志愿军战歌》等歌曲；美术课上，教画“中国儿童号”飞机模型的图画。

姜堰小学的少先队修订并通过《爱国公约》，组织开展宣传抗美援朝的各项活动。同时，举行“可爱的祖国诗歌朗诵会”“爱国英雄故事会”“美帝侵略罪行声讨会”等课外活动。一系列的活动，增强了姜堰小学学生的爱憎观念，让爱祖国、爱家乡、爱和平的思想在幼小的心灵中深深扎下了根。

薪火相传　赓续荣光

硝烟远去，精神永存。姜堰小学坚持赓续永远的“中国儿童号”精神，传承弘扬光荣传统，让爱国主义的红色基因深深融入全校师生的血脉。

1951年，学校广泛开展拥军优属活动，成效显著，受到苏北行政公署的

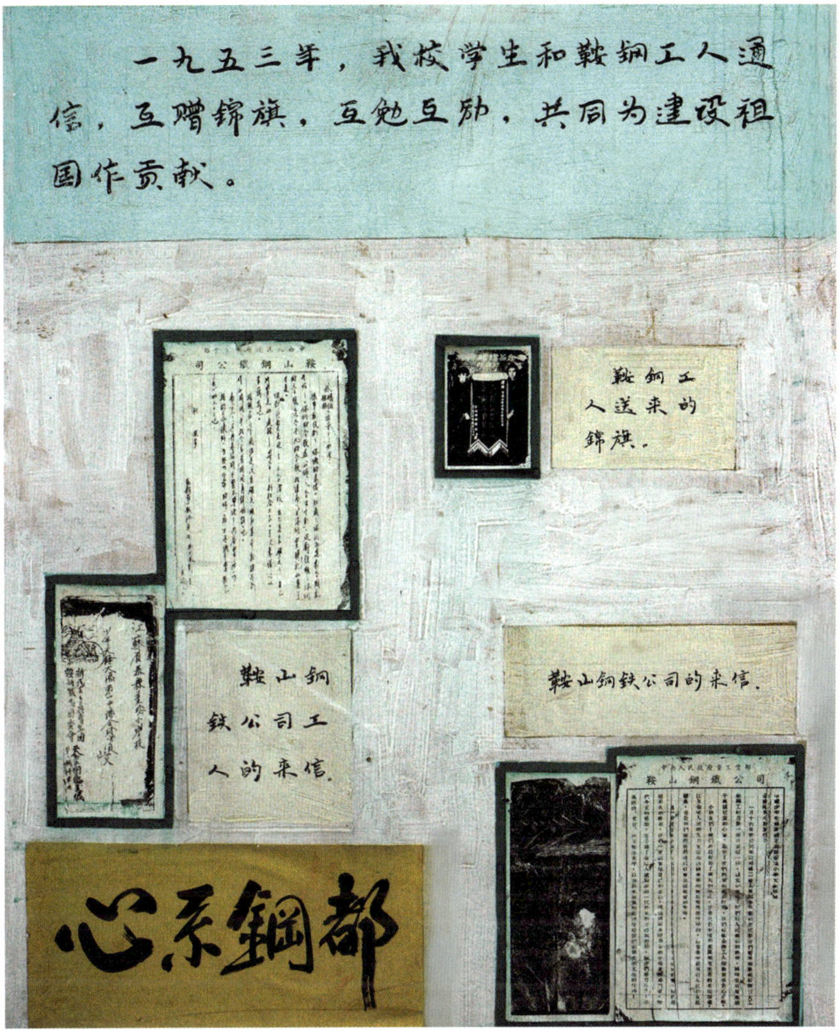

鞍钢工人的来信和锦旗

点燃革命火炬历史宣讲

捐机主题园

表彰。1953年，学校学生与鞍钢工人通信，关心祖国钢都——鞍山的建设。1958年，贯彻“教育为无产阶级政治服务，教育与生产劳动相结合”的方针，创办校工厂，开展勤工俭学，受到中央办公厅赞扬。1965年至1973年，学校深入开展学习雷锋、学习解放军活动，学生为烈军属和五保户做好事，与驻地解放军同生活、同劳动、同联欢。

改革开放以来，学校相继开展“点燃革命火炬”“继承光荣传统，争做三爱少年”等主题革命教育活动，用革命先辈可歌可泣的英勇事迹启发和教育学生继承革命遗志、珍惜幸福生活、当好革命事业接班人。同学们利用课余时间拾废捡旧，节省零用钱，先后为北京亚运会和铸造周恩来总理铜像捐款。1991年，倡议捐献“中国儿童号”飞机40周年之际，学校修建捐机纪念碑，碑上镌刻张爱萍、迟浩田两位将军的亲笔题词“大鹏展翅任腾飞”“纪念捐机四十年，爱国传统代代传”。如今，纪念碑庄严地伫立在校园中央，静静诉说着那段辉煌的历史，成为学校爱国主义教育的一座精神丰碑。

为培养孩子“童心向党，做强国有我好少年”，学校专门把“糖果换飞机”的故事作为每年学生的“开学第一课”。当年发出捐献“中国儿童号”飞机倡议的旧址，成了孩子们最爱去的地方。

2023年7月1日，泰州市姜堰区举行纪念抗美援朝战争胜利70周年暨捐机园建设启动仪式，组织师生共同追忆倡议捐献飞机的光荣校史，再次向少年儿童发出倡议：童心向党，传薪递火永不忘；勤奋学习，砥砺心智当栋梁；传承美德，知行合一树新风。

时光流转，初心依然。“中国儿童号”承载着少年儿童的爱国情怀和责任担当，在抗美援朝运动中留下了光辉一页。讲述“中国儿童号”故事是对一段光辉历程的回望，是一场爱国主义教育的共鸣，也是一堂新时代生动的思政课。讲不尽的“中国儿童号”故事，正激励一代又一代少年儿童茁壮成长。

（潘国琴）

尽匹夫天职

朱履先写给后辈的信

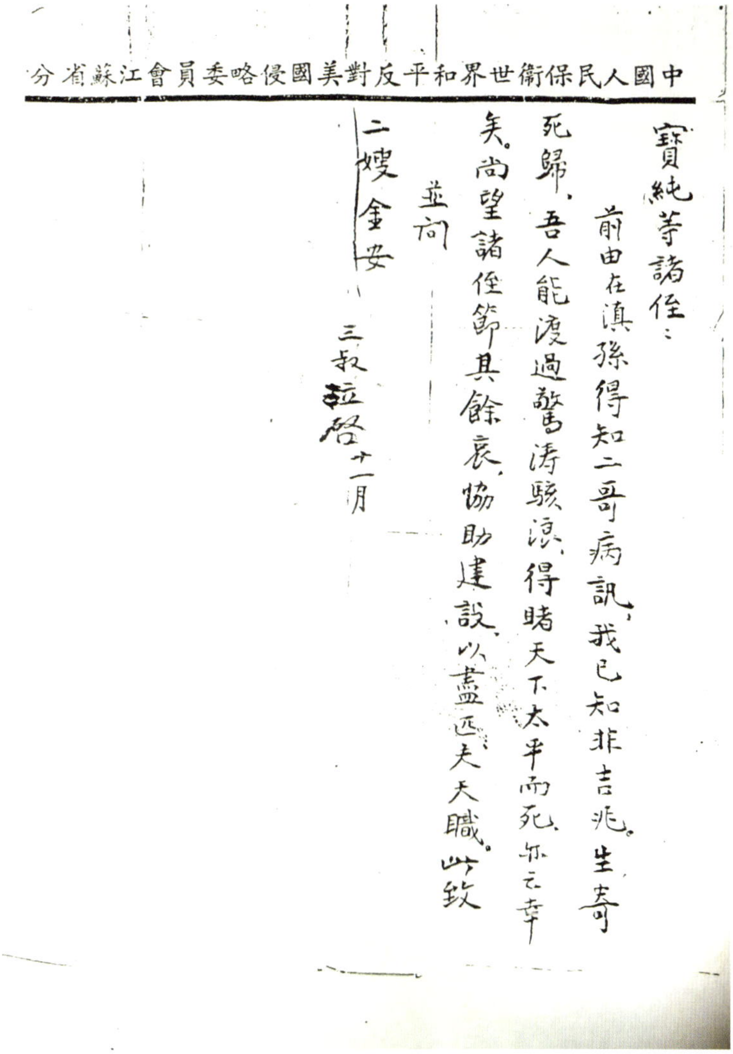
中國人民保衛世界和平反對美國侵略委員會江蘇省分會

寶純等諸侄：

前由在滇孫得知二哥病訊，我已知非吉兆。生寄死歸，吾人能渡過驚濤駭浪，得睹天下太平而死，尔亦幸矣。尚望諸侄節其餘哀，協助建設，以盡匹夫天職。此致

並問

二嫂金安

三叔 拉啓 十一月

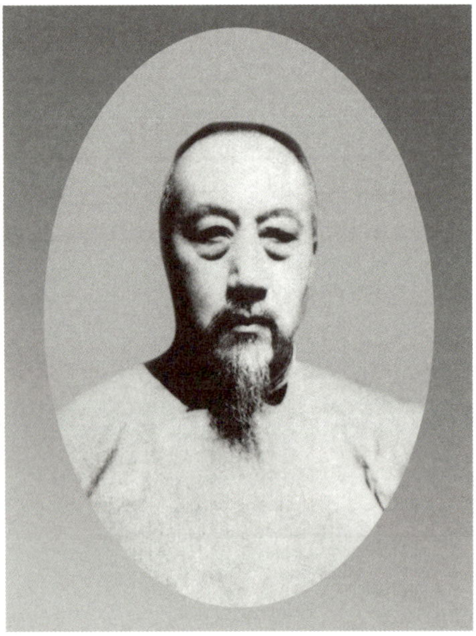

朱履先

2024年6月，在朱履先诞辰140周年纪念活动中，朱履先之孙朱亚伟得知泰州市党史方志办公室（泰州市档案馆）征集红色书信的设想，十分支持，欣然提供一封珍藏多年的朱履先家书。

朱履先，泰兴黄桥人，1911年参加辛亥革命，同年经黄兴介绍加入同盟会，1912年出任孙中山就职中华民国临时大总统典礼阅兵总指挥。九一八事变后，因不满蒋介石不抵抗政策，隐居黄桥。期间，积极支持、协助新四军开辟黄桥抗日民主根据地，为建立苏北抗日民族统一战线作出重要贡献。1943年加入中国共产党，以特别党员身份为党工作。新中国成立后，身兼数职，积极投身社会主义革命和建设，为土地改革、农田水利建设、抗美援朝作出贡献。

朱亚伟先生介绍了这封家书的来历。家书写于1953年11月，二哥朱励生过世，朱履先致信朱励生长女、其侄女朱宝纯等诸侄，以表慰问，寄托哀思。信件一直被朱宝纯珍藏。直至20世纪90年代初朱宝纯去世前夕，吩咐将其影印分发给朱家全体后辈，作为家训之一，并嘱咐代代谨记，不忘初心。就这样，这封寄托着家国情怀的影印家书，陪伴朱亚伟走过了20多个春秋，全文如下：

宝纯等诸侄：

前由在滇孙得知二哥病讯，我已知非吉兆。生寄死归，吾人能渡过惊涛骇浪，得睹天下太平而死，亦云幸矣。尚望诸侄节其余哀，协助建设，以尽匹夫天职。

此致

并问二嫂金安。

三叔泣启

十一月

不足百字的家书，笔势从容淡雅，点画间尽显苍松劲挺之姿，颇具大家风范。寥寥数行，情真自然，品读其中，深情款款，字里行间流露出对逝去兄长的无尽哀思和对后生晚辈的真情勉励。

“前由在滇孙得知二哥病讯，我已知非吉兆。”朱履先从朱励生之孙朱在滇口中得知其病重消息，内心充满担忧，兄弟连心，冥冥之中有了不祥预感，不久便收到朱励生去世的消息，文末“泣启”二字足以看出手足情深，其悲伤之情溢于言表。一句“并问二嫂金安”道出了对朱励生遗孀的敬重与宽慰。

1884年6月6日，朱履先出生于泰兴黄桥，其家族世代经商，家境殷实。父亲朱瑞卿乐善好施，在当地颇有名望。母亲张氏出身名门，知书达理。家中，朱履先排行“老三”，上有两位兄长，为其父收养已故伯父的两子。朱履先没有因为是父母的“己出”受到格外宠溺，相反被寄予厚望。父母为其取名“先志”，字履先，希望他饱读圣贤书，日后有所作为。年幼时，便将他送至黄桥东20余里的顾家垛，师从名士顾某。朱履先聪明好学、悟性极高，又毫无富家子弟不良习气，深得顾老先生喜爱。在先生那里，他接受了中国传统文化熏陶，懂得了尊老爱幼、长幼有序、兄友弟恭的齐家之道；懂得了诚实守信、与人为善、成人之美的处世智慧；更懂得了精忠报国、卫国卫民、爱国兴邦的民族大义。

先生教诲和父母长辈言传身教，涵养了朱履先胸中有家国的高尚情怀，对其世界观、人生观、价值观的形成产生了深远影响。

1953年，二哥朱励生去世之时，朱履先已近耄耋之年，特别致信后辈予以安慰与勉励，足以看出他是一位家庭观念极为深厚的长者。他劝慰子侄后辈道：“生寄死归，吾人能渡过惊涛骇浪，得睹天下太平而死，亦云幸矣。”人生无常，生似暂寓，死如归去，亲人的逝去，要淡然面对。我们老一辈渡过了惊涛骇浪的时代，能在这崭新的社会终老，也算是人生一大幸事了，因此不要过于伤悲。句句情真字切，表达他生寄祖国、死归故土，视死如归的生死观。

朱履先一生几经沉浮，壮怀激烈。晚清飘摇之际，他求学东瀛，企求精武报国，兼济天下。辛亥革命时，他追随孙中山，成为辛亥名将。民国肇始，军阀混战，他因时运不济，辗转跌宕。抗战爆发后，他坚守气节，拒任伪职，避居上海。期间，耳闻新四军奋战苏南、屡挫日寇的壮举，百感交集，心生敬佩。当听说陈毅、粟裕率新四军移师苏北抗战，他“好像在黑洞中看到了光亮”，遂以避战之名，回归故里。

在黄桥，朱履先结识了陈毅、粟裕等一批共产党人，这位胸怀报国之志的旧式军人，由此找到了志同道合的朋友，他被新四军的正义与真诚所折服。“公道自在人心，对于抗日部队，理当支持”，年逾半百的朱履先，坚定地站

中将府内景（朱履先曾被孙中山委任为中将师长）

在共产党新四军一边，为民族奔走，为抗战呼吁。

为解决7000新四军将士的吃粮问题，朱履先提出开征救国公粮的建议，并带头捐献五万银元现款和家中最好的五百石粮食，以实际行动号召地方士绅支援抗日，得到充分响应，解决了新四军燃眉之急。

为联合更多的抗战力量，朱履先多方奔走，呼吁国共合作。在他的努力

下，成功争取苏北名流以及大批知识分子合作抗日。时任通如靖泰临时行政委员会主任的管文蔚这样评价："这些人亦以朱履先马首是瞻，跟着倾向我们。如泰兴的刘伯厚、靖江的祝维干等都先后和我们站到了一起，对抗战起到了很好的作用。"黄桥战役发起前夕，朱履先与韩国钧一起，先后两次函电国民党军政要员，呼吁停止内战、合作抗日。函电虽未能力挽狂澜，却在全国产生很大影响。此举，成为陈毅"孤韩"策略的重要助力。

黄桥战役的胜利亦离不开朱履先的倾力支持。战中，他不顾个人安危，坚决与共产党人共进退。冒着炮火，陪同管文蔚、陈丕显检查黄桥城内各项支前工作，挨家挨户进行动员，组织群众支前助战。黄桥民众在他的号召下纷纷行动起来。士绅们慷慨解囊，捐钱捐物；工商户正常营业，全镇3家磨坊和63家烧饼店夜以继日地磨面粉、做烧饼、制干粮支援前线；百姓们也是一呼百应，他们组成了担架队，冒着枪林弹雨，赴前线抢救伤员。陈毅为此发出由衷赞叹："你（朱履先）真不愧是位军人。"这位追求真理、心向光明的"追风者"，与共产党人肝胆相照、生死与共，度过了一段令人难忘的艰苦岁月。

家书中，朱履先以自己"惊涛骇浪"的亲身经历，告诉后辈们"天下太平"的新社会来之不易，继而勉励他们"节其余哀，协助建设，以尽匹夫天职"，希望后辈们和他一样以"天下兴亡，匹夫

1940年朱履先（左二）与管文蔚、陈丕显、惠浴宇合影

有责”为己任，化悲痛为力量，树立共产主义理想，为党工作，为新生的人民政权工作，建设祖国，在各自岗位上发挥光热。

朱履先一生历经晚清、军阀混战、国民党反动统治和党领导下的社会主义新中国四个不同时代。在黑暗旧中国，他曾为寻求真理，上下求索，历经曲折。历史的际遇让他与共产党人相遇、相知，使他在国家危难之际找到了方向，从此坚定跟党走，实现了从老同盟会员到马克思主义忠诚战士的根本转变。

1943年，年届六十的朱履先由叶飞、朱克靖介绍，经陈毅批准，加入中国共产党，在特定历史条件下，成为一名特殊党员，并由朱、叶二人与他单线联系，不过组织生活。此后，朱履先利用自己曾是日本留学生的身份以及一口流利的日语，与日伪军周旋，掩护党员、营救干部，开展地下斗争。1945年，当选为苏皖边区参议会副议长。土地改革运动中，他坚决贯彻执行党的政策，将家中的280亩良田全部献给人民政府，极大地影响了周围的地主、士绅，推动了周边地区的土地改革进程。解放战争时期，朱履先以大无畏的军人品格，留在原地和党领导的革命武装并肩奋战，开展游击战争，抵抗国民党军队的“清剿”。

新中国成立后，朱履先积极投身社会主义革命和抗美援朝运动。先后担任苏北生产救灾委员会副主任、人民行政公署副主任、抗美援朝分会主席，江苏省人民政府委员、人民委员会委员、政协委员，中国人民保卫世界和平委员会江苏省分会主席等职。任职期间，他不顾年高体弱，深入基层了解情况，为土地改革、镇压反革命、水利建设和田赋征收等工作提出了很多合理建议。

1954年3月，朱履先因连续紧张工作和严重高血压疾病，在接见抗美援朝归国代表团时突发中风，病倒在工作岗位上，虽经抢救，终成瘫痪。1959年春，在南京逝世。

（王　菁）

黄桥人民运送伤员

跨上时代的骏马

陈毅给靖江的题字

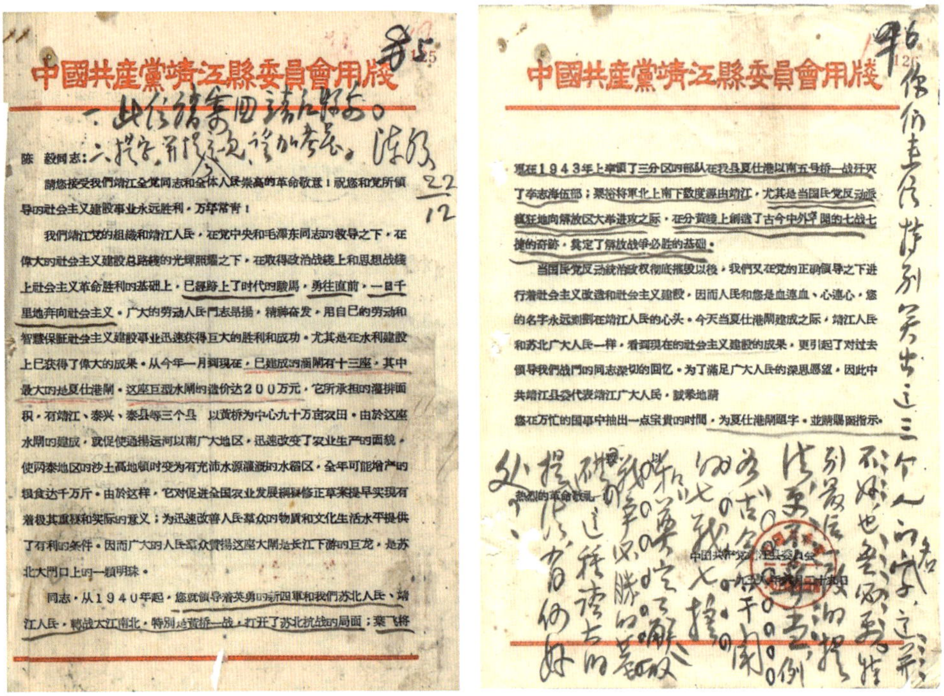

中國共產黨靖江縣委員會用牋

陈　毅同志：

請您接受我們靖江全党同志和全体人民崇高的革命敬意！祝您和党所領导的社会主义建設事业永远胜利，万年常青！

我們靖江党的組織和靖江人民，在党中央和毛澤东同志的教导之下，在偉大的社会主义建設总路綫的光輝照耀之下，在取得政治战綫上和思想战綫上社会主义革命胜利的基础上，已經跨上了时代的駿馬，勇往直前，一日千里地奔向社会主义。广大的劳动人民們志昂揚，精神奋发，用自已的劳动和智慧保証社会主义建設事业迅速获得巨大的胜利和成功。尤其是在水利建設上已获得了偉大的成果。从今年一月到現在，已建成的涵閘有十三座，其中最大的是夏仕港閘，这座巨型水閘的造价达200万元，它所承担的灌排面积，有靖江、泰兴、泰县等三个县　以黄桥为中心九十万亩农田。由於这座水閘的建成，就促使通揚运河以南广大地区，迅速改变了农业生产的面貌，使两泰地区的沙土高地頓时变为有充沛水源灌溉的水稻区，全年可能增产的粮食达千万斤。由於这样，它对促进全国农业发展綱要修正草案提早实现有着极其重要和实际的意义；为迅速改善人民羣众的物質和文化生活水平提供了有利的条件。因而广大的人民羣众贊揚这座大閘是长江下游的巨龙，是苏北大門口上的一顆明珠。

同志，从1940年起，您就領导着英勇的新四軍和我們苏北人民、靖江人民，轉战大江南北，特別是黄桥一战，打开了苏北抗战的局面；粟飞将

中國共產黨靖江縣委員會用牋

軍在1943年上率領了三分区的部队在我县夏仕港以南五号桥一战歼灭了李志海伍部；粟裕将軍北上南下数度經由靖江，尤其是当国民党反动派瘋狂地向解放区大举进攻之际，在分黄綫上創造了古今中外罕聞的七战七捷的奇跡，奠定了解放战爭必胜的基础。

当国民党反动統治政权彻底摧毀以後，我們又在党的正确領导之下进行着社会主义改造和社会主义建設，因而人民和您是血連血、心連心，您的名字永远刻劃在靖江人民的心头。今天当夏仕港閘建成之际，靖江人民和苏北广大人民一样，看到現在的社会主义建設的成果，更引起了对过去領导我們战鬥的同志深切的回忆。为了满足广大人民的深思愿望，因此中共靖江县委代表靖江广大人民，誠挚地請

您在万忙的国事中抽出一点宝貴的时間，为夏仕港閘題字，並請賜函指示。

热烈的革命敬礼

靖江县委给陈毅的信及陈毅在信上的批示

在靖江市档案馆，珍藏着一份特殊的书信档案。这是1958年靖江县委写给国务院副总理兼外交部长陈毅的一封信。该信向陈毅汇报了靖江人民在党的领导下社会主义建设取得的成绩，水利建设的成果，回顾了陈毅领导新四军和苏北人民、靖江人民转战大江南北，投入抗日战争和解放战争的历史，并请陈毅为夏仕港闸题字。

陈毅在来信上有两处批示，同时在很多地方用黑铅笔、红铅笔和毛笔划了一道道线条，有的划了一道，有的划了

两道，有的划了三道。

第一处批示在信的第一页上端空白处：“一、原信寄回靖江县委。二、提（题）字，并提了意见，望加考虑。陈毅 22/12”。

第二处批示在信的第二页空白处：“你们来信特别突出这三个人的名字（指信中提到的陈毅、粟裕、叶飞三人）这并不好，也无必要。特别是最后一段的提法，更不妥当，例如‘古今罕闻的七战七捷’和‘奠定了解放战争必胜的基础’，这种夸大的提法，有何好处？”在“这并不好，也无必要”的右侧（这段批示系竖写）加了着重号，在“古今罕闻的七战七捷”和“奠定了解放战争必胜的基础”的每个字右侧画了小圈。

靖江县委的信，让我们看到靖江人

靖江市夏仕港闸

民对陈毅的关注和爱戴；陈毅的批示，让我们见证了老一辈无产阶级革命家严谨的工作作风和实事求是的态度。

写信初衷

1958年，我国进入社会主义全面建设时期，靖江的工业生产有了较大的发展，农业方面开展了以水利为重点的大规模农田基本建设。1至6月，全县在江边港口建造涵闸13座，其中夏仕港闸最大，省、地、县投资200余万元，建成后，直接改善靖江、如皋、泰兴和泰县90万亩农田的灌排能力。

港闸快竣工时，有人提议请陈毅题字。陈毅虽未曾到过靖江，但他带领新四军东进，开辟苏北抗日根据地，藉黄桥战役打开局面，对如皋、泰兴、泰县、靖江人民有着深厚的感情。鉴于此，靖江县委便让时任水利局局长刘联芳执笔写了一封长信，于6月29日寄给陈毅。

信件节选如下：

陈毅同志：

……

我们靖江党的组织和靖江人民，在党中央和毛泽东同志的教导之下，在伟大的社会主义建设总路线的光辉照耀之下……已经跨上了时代的骏马，勇往直前、一日千里地奔向社会主义。广大的劳动人民斗志昂扬，精神奋发……在水利建设上已获得了伟大的成果。从今年一月到现在，已建成的涵闸有十三座，其中最大的是夏仕港闸。这座巨型水闸的造价达200万元，它所承担的灌排面积，有靖江、泰兴、泰县等三个县，以黄桥为中心九十万亩农田……广大的人民群众赞扬这座大闸是长江下游的巨龙，是苏北大门口上的一颗明珠。

同志，从1940年起，您就领导着英勇的新四军和我们苏北人民、靖江人民转战大江南北，特别是黄桥一战，打开了苏北抗战的局面；叶飞将军在1943年率领了三分区的部队在我县夏仕港以南五号桥一战歼灭了李志海五部；粟裕将军北上南下数度经由靖江，尤其是当国民党反动派疯狂地向解放区大举进攻之际，在分黄线上创造了古今中外罕闻的七战七捷的奇迹，奠定了解放战争必胜的基础……

今天当夏仕港闸建成之际，靖江人民和苏北广大人民一样，看到现在的社会主义建设的成果，更引起了对过去领导我们战斗的同志深切的回忆。为了满足广大人民的深思愿望，中共靖江县委代表靖江广大人民，诚挚地请您在万忙的国事中抽出一点宝贵的时间，为夏仕港闸题词。并请赐函指示。

批示题字

1958年12月28日，也就是5个月后，靖江县委办公室收到了国务院办公厅寄来的一封机要信。

信的第一张是国务院总理办公室的函，以毛笔行书写道：

寄上陈副总理为你们题的字，请收。陈副总理极忙，约请他写字题词的

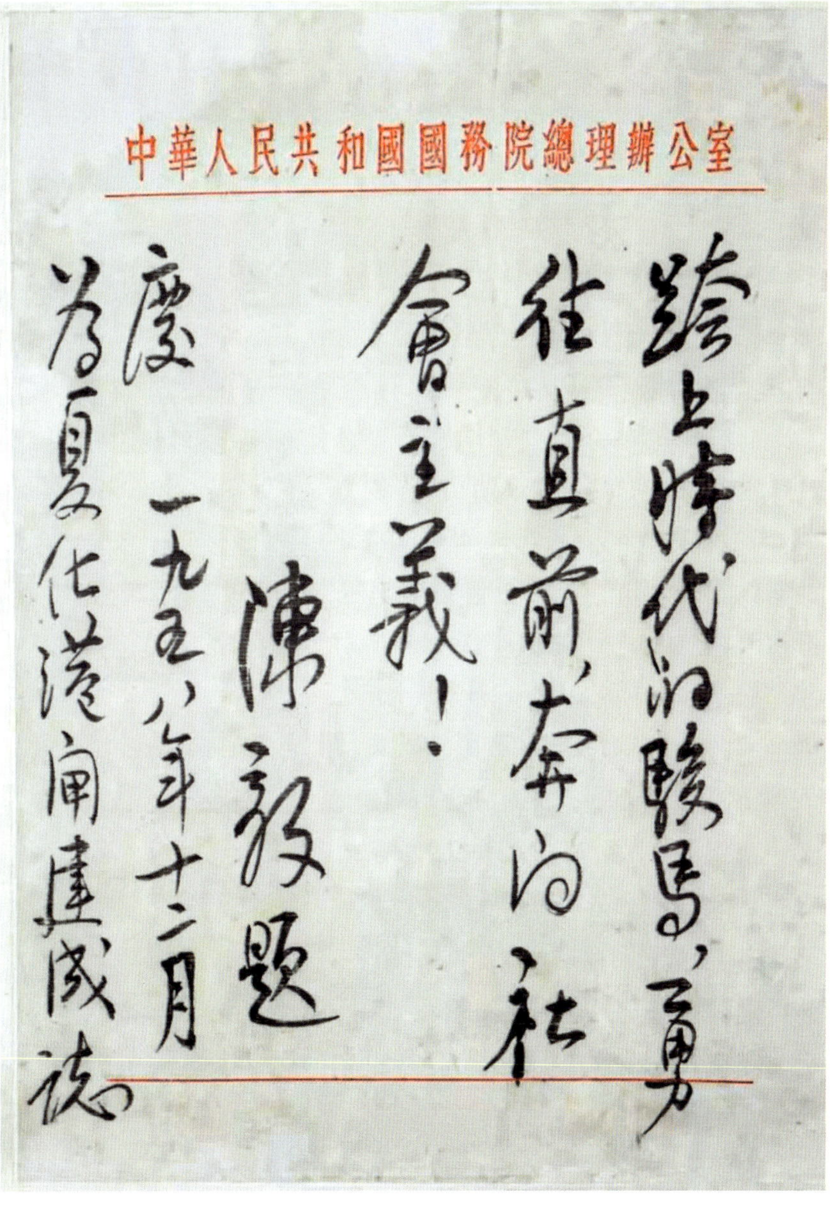
中華人民共和國國務院總理辦公室

跨上時代的駿馬，勇往直前，奔向社會主義！

陳毅題

慶 一九五八年十二月

為夏仕港閘建成誌

陈毅的题字

也多。最近我们将半年来约请他题字的信交他，他利用休息日为你们写了。遵照他的指示，来信仍寄还给你们……

第二张便是陈毅的题字。在一张国务院总理办公室的宣纸信笺上写着：

跨上时代的骏马，勇往直前，奔向社会主义！

为夏仁港闸建成志庆

陈毅题

一九五八年十二月

后面是靖江县委寄去的两张粗黄信笺打印的信函。在原信上陈毅副总理进行了批示和标注。

“陈副总理极忙”。彼时，陈毅任国务院副总理兼外交部长，可谓日理万机。当时靖江县委的有关同志曾经查阅了他在这个时期活动的新闻报道，并记在本子上：“11月28日至12月10日，参加中共中央八届六中全会。12月3日阿尔及利亚共和国临时政府代表团应邀来我国访问，他参加了一系列活动，19日与阿政府代表团会谈，20日签署联合公报，还参加了国务院第八十三次全体会议，21日欢送阿政府代表团回国，并讲了话。22日休息。”夏仁港闸的题字，就是在这个休息日写的。可见他休息日也没有闲着。

题字摘取自靖江县委给他信中的“已经跨上了时代的骏马，勇往直前，一日千里地奔向社会主义”这句话。陈毅副总理在这句话下面画了一道线，题字时，去掉了“已经”和“一日千里”等字样。题字用繁体行草，笔走龙蛇，有疏有密，大气得当，一气呵成。

从信上的线条和批示的情况不难看出，黑铅笔在“为夏仁港闸题字，并请赐函指示”下面划的一道线，是总理办公室提请陈毅注意信中对他的请求。

夏仕港题字石刻

而红铅笔和毛笔划的线条，则是陈毅审阅信函时特别注意的地方，这中间有对地方兴建水利事业的赞赏，有对人民群众建设社会主义热情的歌颂，有对历史事件评价的判定，也有对宣传个人和浮夸风气的批评。

陈毅不愿突出个人的作用，对靖江县委信上夸大的词句，不但在原信划上记号，而且亲笔批示，并在批示上加着重号，可想其认真严肃的态度非同一般；又极其谦逊地提请靖江县委"望加考虑"，寥寥数字，情深意切、语重心长。

踏浪而行

靖江县委收到陈毅的题字后，受到极大的鼓舞，对陈毅提出的意见十分重视，当作严厉的批评和告诫。时任县委书记蒋逸成主持召开了常委会，不久又召开了县里各部门和公社负责人会议，传达学习题字、批示的内容，根据八届六中全会精神并联系思想认识和当时的实际工作做了自我批评，提出了改正措施。会后又将批示的内容和县委贯彻意见，印发到基层。而后的事实证明，陈毅的题字、批示对靖江县委和各级组织加强集体领导、克服浮夸作风、恢复实事求是的思想路线起了极大的推动作用。

这张长不盈尺、宽仅数寸的陈毅题字手稿，曾一度散失9年之久，幸有一位不知名的保管者妥善保管才得以保存。手稿找回时受到污损，缺了一个小角，纸面上用圆珠笔画了几道线，被折得快要分家，用一张奖状重新糊过。1973年春，由靖江县委老书记汪青辰亲自送至苏州的裱画店，找到一位裱画师，褪去了纸面上的杂色，补上了缺角，裱成一幅4尺立轴，交给了靖江县档案馆。

陈毅的题字，于1959年春镌刻在夏仕港闸身南面的水泥墙壁上，虽无华丽装饰，但很庄重。2003年，夏仕港闸改造竣工，大大提高了夏仕港流域抗御自然灾害的能力，陈毅题字碑文，被改刻到水闸右侧酷似一叶风帆的巨石上，巍然屹立在长江北岸，期盼着靖江发展如大江行舟，乘风破浪，一帆风顺。

如今，夏仕港闸集生态调水、船舶通航、防洪保安等功能于一体，成为了具有标志性意义的水利人文景观，并作为靖江市青少年爱国主义教育基地。"跨上时代的骏马"成为奋进的印记，不断激励和鞭策着靖江人民投身新时代干事创业的热潮。

（范晓青）

夏仕港闸

光辉灿烂的意志

朝鲜杨根思作业班的来信

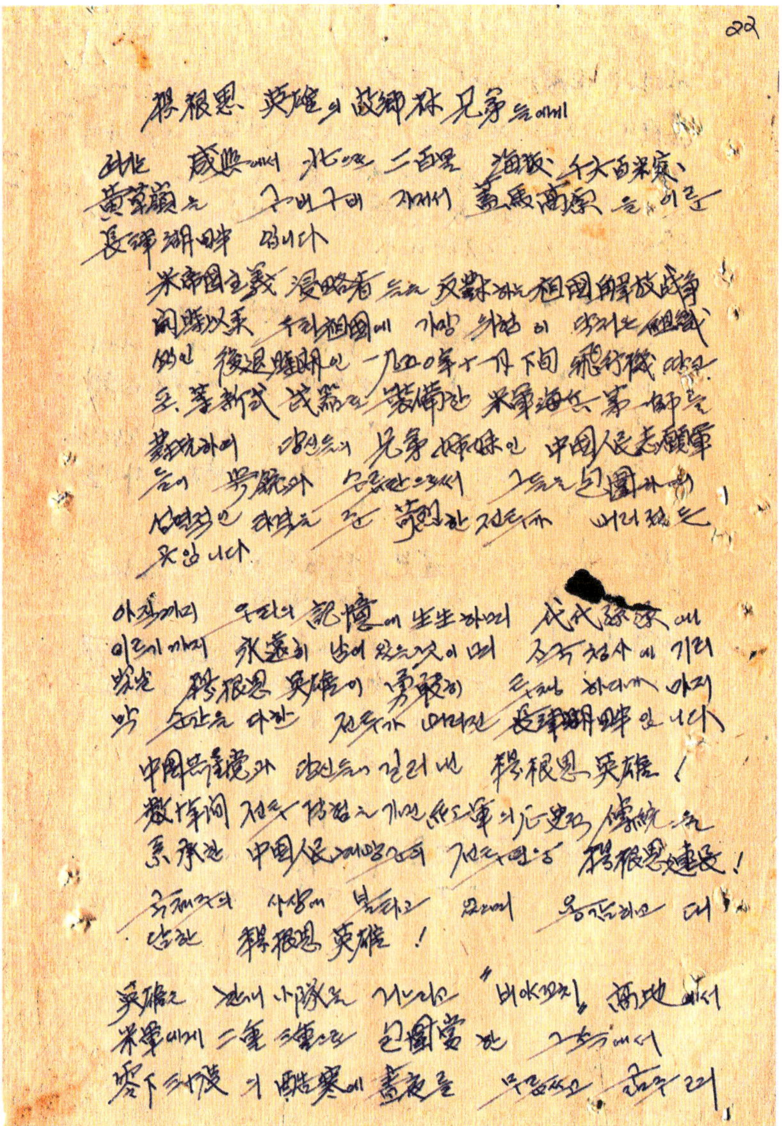

22

楊根思 英雄의 故鄕林 兄弟들에게

北韓 咸興에서 北으로 二百里 海拔 千六百米突 黃草嶺은 구비구비 저기서 蓋馬高原을 이루는 長津湖畔 입니다

米帝國主義 侵略者들과 反對하는 祖國解放戰爭 開戰以來 우리 祖國에 가장 [illegible] 後退時期인 一九五〇年十一月 下旬 飛行機 [illegible] 等 新式 武器로 裝備한 米軍海兵第一師를 [illegible] 당신들의 兄弟姉妹인 中國人民志願軍들이 [illegible] 그들을 包圍하여 [illegible] 英勇한 전투가 벌어졌던 곳입니다

아직까지 우리의 記憶에 生生하며 代代孫孫에 이르기까지 永遠히 남아 있는 것이며 조국 청사에 기리 빛날 楊根思 英雄이 勇敢히 [illegible] 마지막 순간을 다한 전투가 벌어진 長津湖畔입니다

中國共産黨과 당신들이 길러낸 楊根思 英雄!

數十年間 전투 [illegible] 紅軍의 [illegible] 傳統을 系承한 中國人民志願軍의 전투영웅 楊根思 英雄!

共産主義 사상에 불타고 [illegible] 용감하고 대담한 楊根思 英雄!

英雄은 [illegible] 小隊를 거느리고 "[illegible]" 高地에서 米軍에게 二重 三重으로 包圍當한 그곳에서 零下三十度의 酷寒에 晝夜를 무릅쓰고 [illegible]

1959年朝鲜长津林产业所制材工坊杨根思作业班写给杨根思侄女杨宝珠的一封信

这是1959年朝鲜长津林产业所制材工坊杨根思作业班写给杨根思侄女杨宝珠的一封信。杨宝珠是杨根思哥哥的女儿，也是杨根思最亲近的亲属。信中写道："杨根思英雄在我们祖国的历史上记载了光辉灿烂的功绩。遗留了他那光辉灿烂的意志的长津，正一日千里地发展着。""我们时常回忆杨根思英雄响应祖国的抗美援朝、保家卫国的号召，在朝鲜前线上，以鲜血援助了我们的功绩，同时他那不屈不挠的意志，给我们以很大的鼓舞，更增加了我们在工作和学习的勇气和信心。"

英雄成长之路

杨根思，原名羊庚玺，参军时登记员写错了，才有了"杨根思"这个名字。1922年，他出生于泰兴县羊货郎店（现泰兴市根思乡根思村）一户贫苦农民

1950年，杨根思（左三）参加全国英模大会后与战友合影

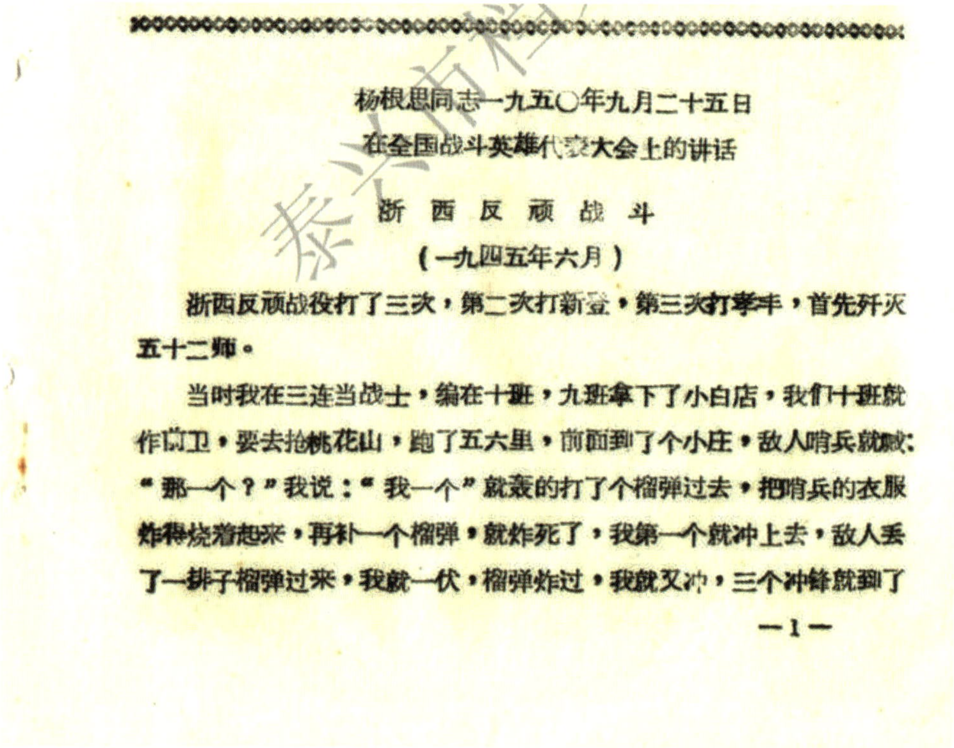

杨根思同志一九五〇年九月二十五日
在全国战斗英雄代表大会上的讲话

浙西反顽战斗
（一九四五年六月）

浙西反顽战役打了三次，第二次打新登，第三次打孝丰，首先歼灭五十二师。

当时我在三连当战士，编在十班，九班拿下了小白店，我们十班就作前卫，要去抢桃花山，跑了五六里，前面到了个小庄，敌人哨兵就喊："那一个？"我说："我一个"就轰的打了个榴弹过去，把哨兵的衣服炸得烧着起来，再补一个榴弹，就炸死了，我第一个就冲上去，敌人丢了一排子榴弹过来，我就一伏，榴弹炸过，我就又冲，三个冲锋就到了

—1—

1950年9月25日，杨根思在全国战斗英雄代表大会上的讲话

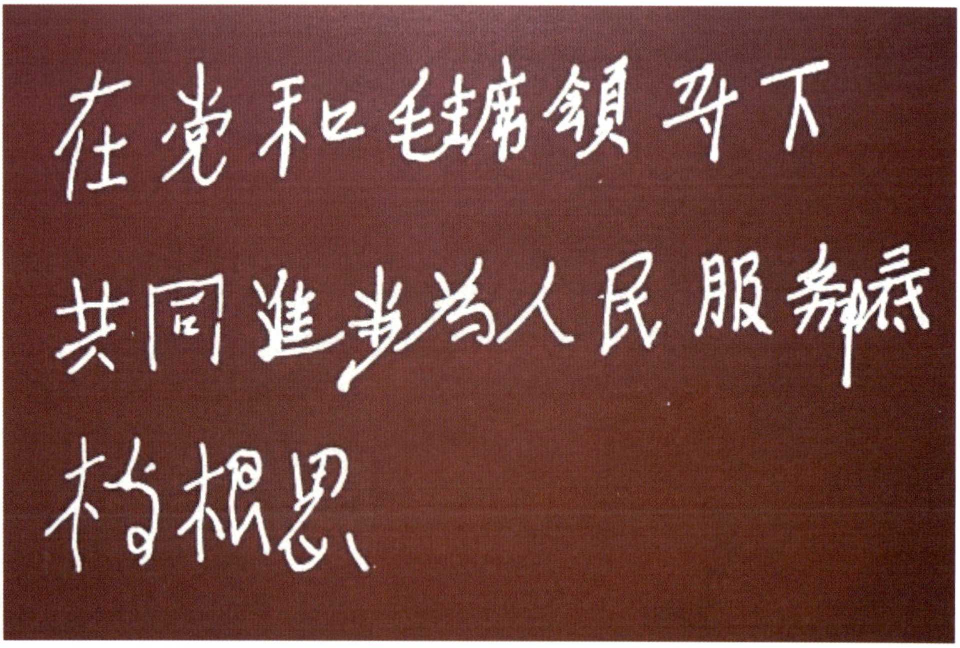

杨根思手记

家庭，童年时父母双亡，和哥哥相依为命，杨根思给地主家当过放牛娃，后又跟随哥哥到上海做过苦工。

1940年黄桥决战后，以黄桥为中心的抗日根据地建设如火如荼。新四军和地方武装在敌后进行反“扫荡”作战，重挫日伪军锐气。泰兴各区乡都建立了游击队和基干民兵大队。杨根思参加了五官乡基干民兵队。瘦弱的他身手敏捷，英勇善战，下乡的敌伪军特别惧怕这个身背大刀，怀揣手榴弹的基干民兵。

1944年3月，杨根思加入新四军，1945年11月，他光荣加入中国共产党。从抗日战争到解放战争，杨根思靠着过人的胆识和身手屡建奇功，逐渐成长为一名勇猛善战的战斗员，被誉为“爆破大王”，先后荣获“华东三级人民英雄”“华东一级人民英雄”“一级战斗英雄”等称号。

1950年9月，杨根思作为三野9兵团20军选出来的四名代表之一，参加在北京召开的全国战斗英雄代表会议，受到毛泽东主席和朱德总司令的亲切接见。在这次大会的一本留言簿上，人们找到了杨根思唯一留下的笔记——“在党和毛主席领导下，共同进步为人民服务到底”，简单的几个字却能够表达出最执着的信念。

血染长津湖

1950年6月25日，朝鲜内战爆发。10月初，美军不顾中国政府一再警告，悍然越过三八线，把战火烧到中朝边境。危急关头，党中央、毛泽东主席应朝鲜党和政府的请求，毅然作出了“抗美援朝，保家卫国”的战略决策，派新组建的中国人民志愿军入朝协助朝鲜人民军作战。杨根思作为中国人民志愿军第20军58师172团3连连长，奔赴抗美援朝战场。在战前动员大会上，杨根思向战士们喊出了“三个不相信”的铮铮誓言：不相信有完不成的任务，不相信有克服不了的困难，不相信有战胜不了的敌人。

1950年11月25日，抗美援朝战争第二次战役打响，杨根思所在部队奉命开往东线长津湖地区，对敌实施分割围歼。杨根思率三排奉命扼守下碣隅里外围制高点1071.1高地小高岭，他立下军令状：人在阵地在，决不让敌人爬上小高岭半步！11月29日，美军调集飞机、重炮对小高岭进行轰炸，杨根思和战友顽强抗击，连续打退美军8次猛烈进攻。美军发起第9次冲锋，杨根思射出最后一颗子弹后，在美国兵蜂拥而至时，他抱起一个炸药包，拉响导火索，

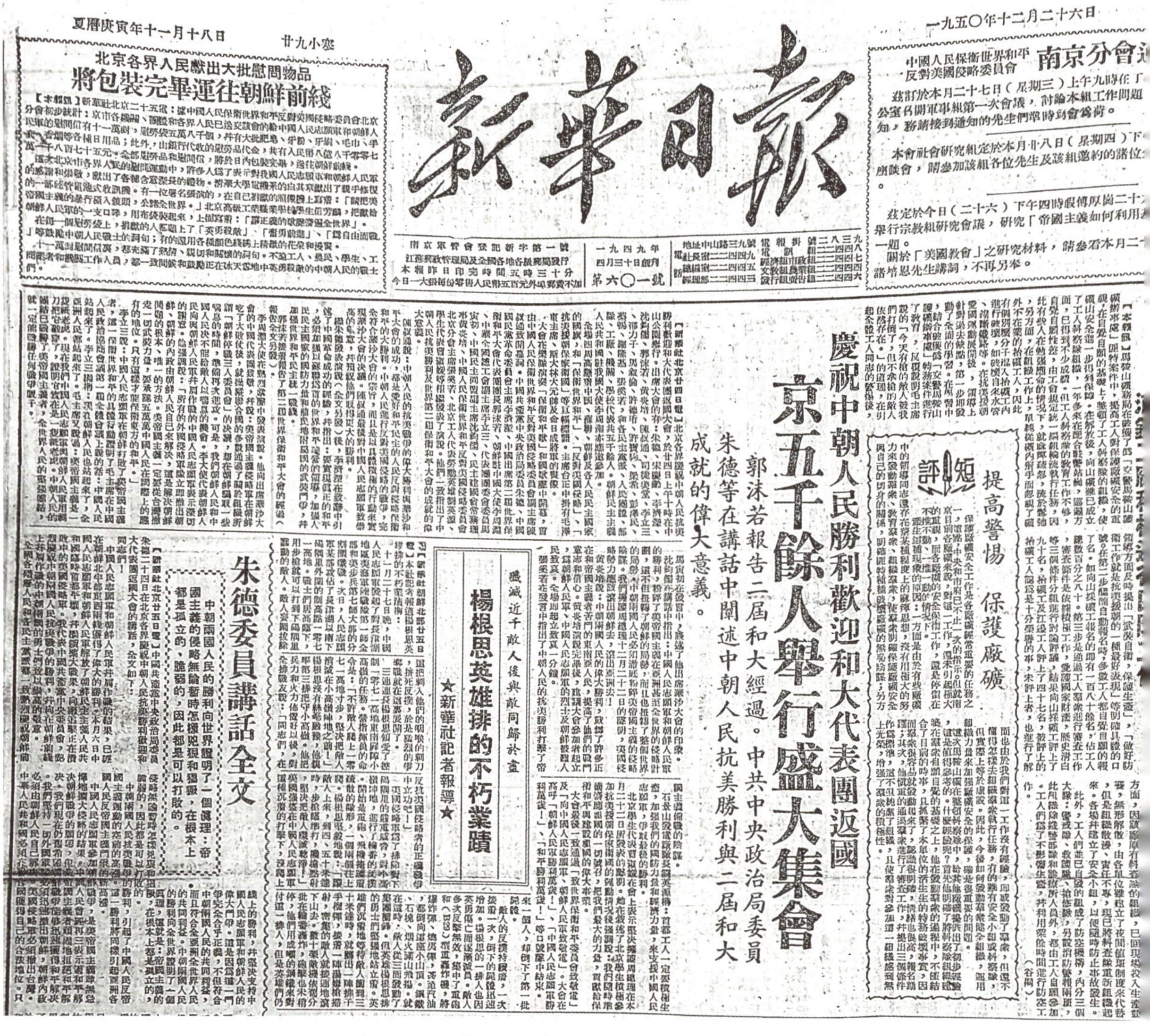
夏曆庚寅年十一月十八日 廿九小寒

一九五〇年十二月二十六日

新華日報

北京各界人民獻出大批慰問物品
將包裝完畢運往朝鮮前綫

中國人民保衛世界和平反對美國侵略委員會
南京分會

慶祝中朝人民勝利歡迎和大代表團返國
京五千餘人舉行盛大集會
郭沫若報告二屆和大經過。中共中央政治局委員朱德等在講話中闡述中朝人民抗美勝利與二屆和大成就的偉大意義。

短評
提高警惕 保護廠礦

朱德委員講話全文
中朝兩國人民的勝利向世界證明了一個真理：帝國主義的侵略無論暫時怎樣兇狠和猖獗，在根本上都是孤立的，脆弱的，因此都是可以打敗的。

殲滅近千敵人後與敵同歸於盡
楊根思英雄排的不朽業績
★新華社記者報導★

1950年12月26日，《新华日报》刊发《杨根思英雄排的不朽业绩》

冲向敌群，与敌人同归于尽。杨根思用28岁的年轻生命践行了“人在阵地在”的誓言。

1950年12月26日，《新华日报》头版刊发《杨根思英雄排的不朽业绩》，对英模排的事迹进行了报道，英雄杨根思和他的战友们为了祖国，为了救助朝鲜人民，用自己的肉体和鲜血守住了阵地。

精神永存

杨根思坚强的意志以及他在抗美援朝战争中的英勇表现，也深深地印在了朝鲜人民的心中。朝鲜杨根思作业班的这封来信表达了对杨根思烈士的深刻缅怀，称中朝两国人民休戚与共、生死相依，用鲜血凝结成了伟大的战斗友谊。

1952年，朝鲜人民在长津郡1071高地上，建立了杨根思英雄纪念碑。1953年6月，朝鲜最高人民会议常任委员会授予杨根思“朝鲜民主主义人民共和国英雄”称号及金星奖章、一级国旗勋章。

朝鲜民主主义人民共和国最高人民会议常任委员会题词：“在无产阶级国际主义的旗帜下，以鲜血凝成的朝中友谊万古长青！”

朝鲜民主主义人民共和国内阁题词：“安息在我们国土上的中国人民的优秀儿女们，你们所建立的丰功伟绩，将在朝鲜人民的历史上永放光芒！”

1952年5月，中国人民志愿军总部追记杨根思特等功，授予他“特级英雄”称号，并将杨根思所在连队命名为“杨根思连”，这是我军历史上第一个以英雄名字命名的连队。

为纪念杨根思，1951年，家乡人民筹建杨根思祠。1956年，扩建并易名为“杨根思烈士祠”。1965年，更名为“杨根思烈士纪念馆”，张爱萍题写馆名。1970年，更名为“杨根思烈士事迹陈列馆”。1980年，再次扩建，同时定名为“杨根思烈士陵园”。馆内立

朝鲜人民为杨根思修建的烈士墓

杨根思烈士陵园中彭德怀元帅题词石碑

朝鲜民主主义人民共和国最高人民会议常任委员会题词

朝鲜民主主义人民共和国内阁题词

有杨根思烈士碑，碑文为陈毅元帅手书。陈列室正中竖立有镌刻着彭德怀元帅手迹的石碑，上书："中国人民的优秀儿子，国际主义的伟大战士，志愿军的楷模指挥员——杨根思烈士永垂不朽。"社会各界人士每年都到杨根思烈士陵园举行庄严的祭扫仪式，表达对杨根思烈士的深切悼念和无限敬仰。

2009年9月，杨根思被评为"100位新中国成立以来感动中国人物"。2019年9月25日，新中国成立70周年之际，杨根思被中央宣传部、中央组织部等9部门联合评选表彰为"最美奋斗者"。

一个有希望的民族不能没有英雄，一个有前途的国家不能没有先锋。天地英雄气，千秋尚凛然。杨根思在朝鲜战场的英雄壮举，是抗美援朝精神的充分展现，彰显了人民军队不屈不挠的战斗精神。杨根思的意志是光辉灿烂的，他坚信没有完成不了的任务、没有克服不了的困难、没有战胜不了的敌人。70多年来，"三个不相信"精神一直激励着无数人奋勇前进、砥砺前行。

（金　凤）

这正是祖国的需要

孙增圻给刘秀梵的信

孙增圻与刘秀梵之间的通信

这是清华大学计算机系教授孙增圻写给中国工程院院士、扬州大学教授刘秀梵的19封书信，被刘秀梵收藏至今。刘秀梵写给孙增圻的信件因对方多次搬家，已经遗失，但刘秀梵寄给孙增圻的照片，被孙增圻一直放在案头台板下。这些信件记录了两位正值青春的大学生谈学业、谈理想、谈未来、谈如何报效祖国的真实过往，再现了彼此关怀、相互勉励、志同道合的同学友谊，见证了两人刻苦努力、不懈奋斗、走向优秀的青春诺言。信中多次提及“这正是祖国的需要”，字里行间，可以感受到两位年轻人对国家怀有深厚的感情和强烈的责任感，他们将自己的学习、成长与国家的发展紧密相连，视个人的奋斗为实现国家梦想的一部分。跨越时空的青春共鸣，深刻诠释了国家情怀与个人理想的深度融合。

惺惺相惜，共扶求学路

刘秀梵和孙增圻都是江苏靖江人，1957年，两人考入靖江县中学，他俩的成绩在班级不分伯仲，每次都是名列前茅。高中期间，他俩相互欣赏，那个时候没有太多的学习资料，他们就把书本啃透，两个人经常交流学习心得，也因此结下了深厚的友谊。那一年，世界上第一颗人造地球卫星由苏联发射成功，这一消息让刘秀梵和孙增圻激动不已，崇尚科学技术，立志科研报国的理想从那时起就在他们心中扎下了根。

1960年高考，两个崇尚科学的年轻人分别填报了清华大学和中国科学技术大学。孙增圻如愿以偿被清华大学录取。但刘秀梵却迟迟没有等到自己的录取通知书。刘秀梵当时填

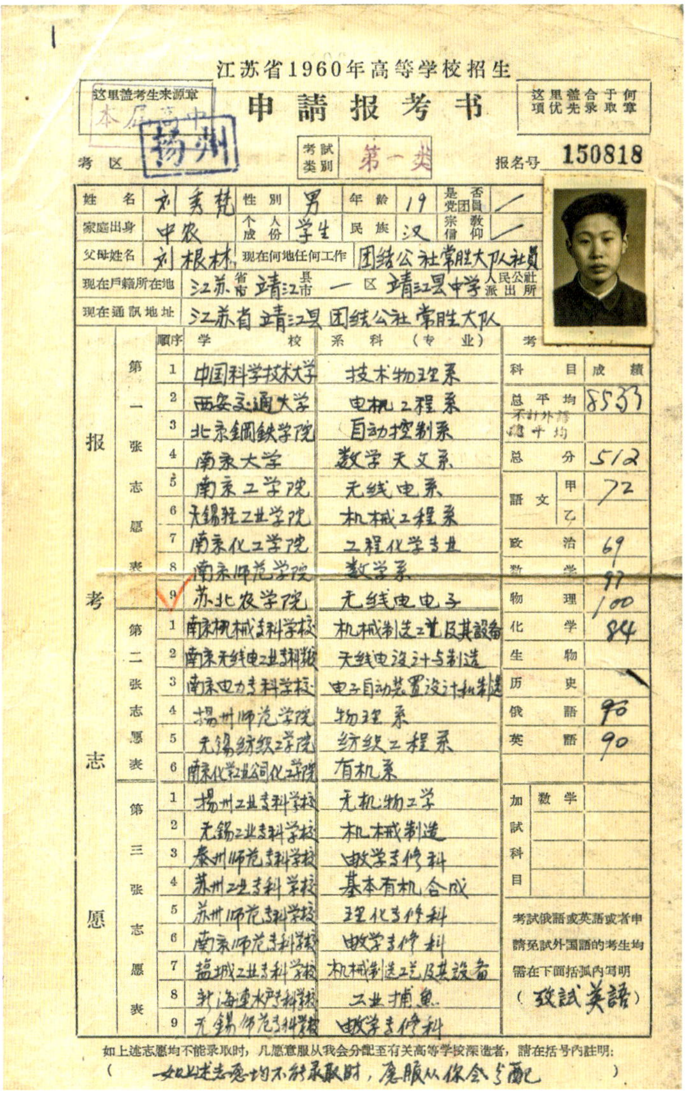

江苏省1960年高等学校招生
申請报考书

这里盖考生来源章：本届高中
这里盖合于何項优先录取章
考区：扬州
考試类别：第一类
报名号：150818

姓名	刘秀梵	性别	男	年龄	19	是否党团員	/
家庭出身	中农	个人成份	学生	民族	汉	宗教信仰	/
父母姓名	刘根林	现在何地任何工作	团结公社常胜大队社員				
现在戶籍所在地	江苏省 靖江县 一区 靖江县中学 人民公社派出所						
现在通訊地址	江苏省靖江县团结公社常胜大队						

报考志愿

志愿表	顺序	学校	系科（专业）
第一张志愿表	1	中国科学技术大学	技术物理系
	2	西安交通大学	电机工程系
	3	北京鋼鉄学院	自动控制系
	4	南京大学	数学天文系
	5	南京工学院	无线电系
	6	无锡轻工业学院	机械工程系
	7	南京化工学院	工程化学专业
	8	南京师范学院	数学系
	9	苏北农学院	无线电电子
第二张志愿表	1	南京机械专科学校	机械制造工艺及其設备
	2	南京无线电工业专科学校	无线电设计与制造
	3	南京电力专科学校	电子自动装置設计和制造
	4	扬州师范学院	物理系
	5	无锡纺织工学院	纺织工程系
	6	南京化学工业公司化工学院	有机系
第三张志愿表	1	扬州工业专科学校	无机物工学
	2	无锡工业专科学校	机械制造
	3	泰州师范专科学校	数学专修科
	4	苏州工业专科学校	基本有机合成
	5	苏州师范专科学校	理化专修科
	6	南京师范专科学校	数学专修科
	7	盐城工业专科学校	机械制造工艺及其設备
	8	新海连水产专科学校	工业捕鱼
	9	无锡师范专科学校	数学专修科

考試成績

科目	成績
总平均	85.33
不計外語總平均	
总分	512
語文 甲	72
語文 乙	
政治	69
数学	97
物理	100
化学	84
生物	
历史	
俄語	90
英語	90
加試科目 数学	

考試俄語或英語或者申請免試外国語的考生均需在下面括弧内写明
（致試英語）

如上述志愿均不能录取时，凡愿意服从我会分配至有关高等学校深造者，請在括号内註明：
（如上述志愿均不能录取时，愿服从你会分配）

刘秀梵成绩单

报的第一志愿是中国科学技术大学技术物理专业，由于信息闭塞，不知当年中科大在靖江并没有招生计划，志愿填报失误，刘秀梵最终被苏北农学院（现扬州大学）录取。1983年，扬州大学在整理教职工人事档案时，把一份高考成绩单归还给刘秀梵。其中清晰地记录着：物理100分，数学97分，英语90分……全部6门功课平均分超过85分。而当年中科大录取的平均分数才79分。

虽然经历了一些波折，但两位青年人都成为了大学生，在那个高中生都是凤毛麟角的年代，能够成为一名大学生，更是非常难得。虽然学校不同，但他们对科学的热爱与追求却未曾改变。

鸿雁传书，互勉大志向

进入大学后，两人相隔千里，那时候对于普通人来说，异地通讯非常困难，书信几乎是唯一的联络方式，但他们的友谊并没有因为距离而疏远，两位年轻人通过书信交流学业和理想。

大学期间，刘秀梵报的第一个专业是无线电专业。但大二时因专业调整，无线电专业被裁撤，他便转到农业机械化专业。大三时农机专业也面临撤销，刘秀梵不得不第三次作出选择。当时有农学、畜牧、兽医3个专业可选。来自农村的他，打小便与家禽牲畜打交道，在做了很多权衡和思考后，他认为兽医与人类健康息息相关，更关系到国民经济，于是选择了兽医专业。

刘秀梵这段“三易专业”的求学经历，被远在千里之外的孙增圻一直关注着，并为他加油打气。孙增圻在回信中这样鼓励刘秀梵：“这

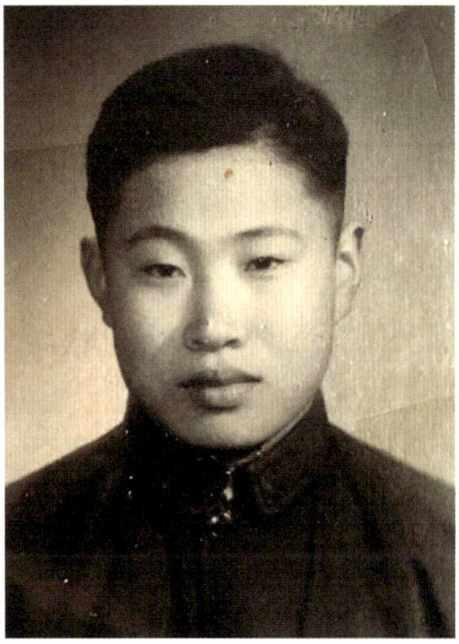

刘秀梵大学期间寄给孙增圻的照片

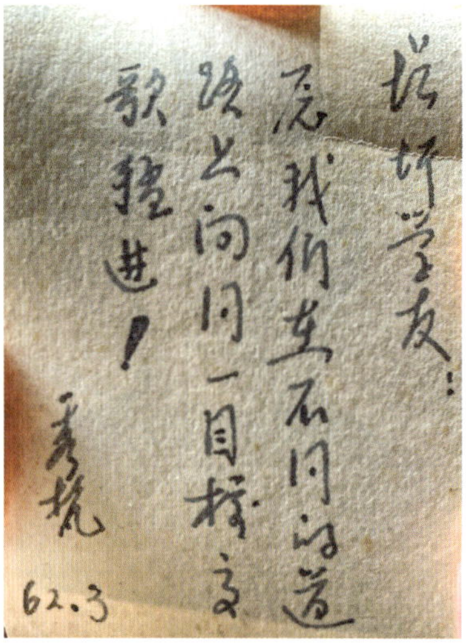

刘秀梵大学期间寄给孙增圻的照片背面赠语

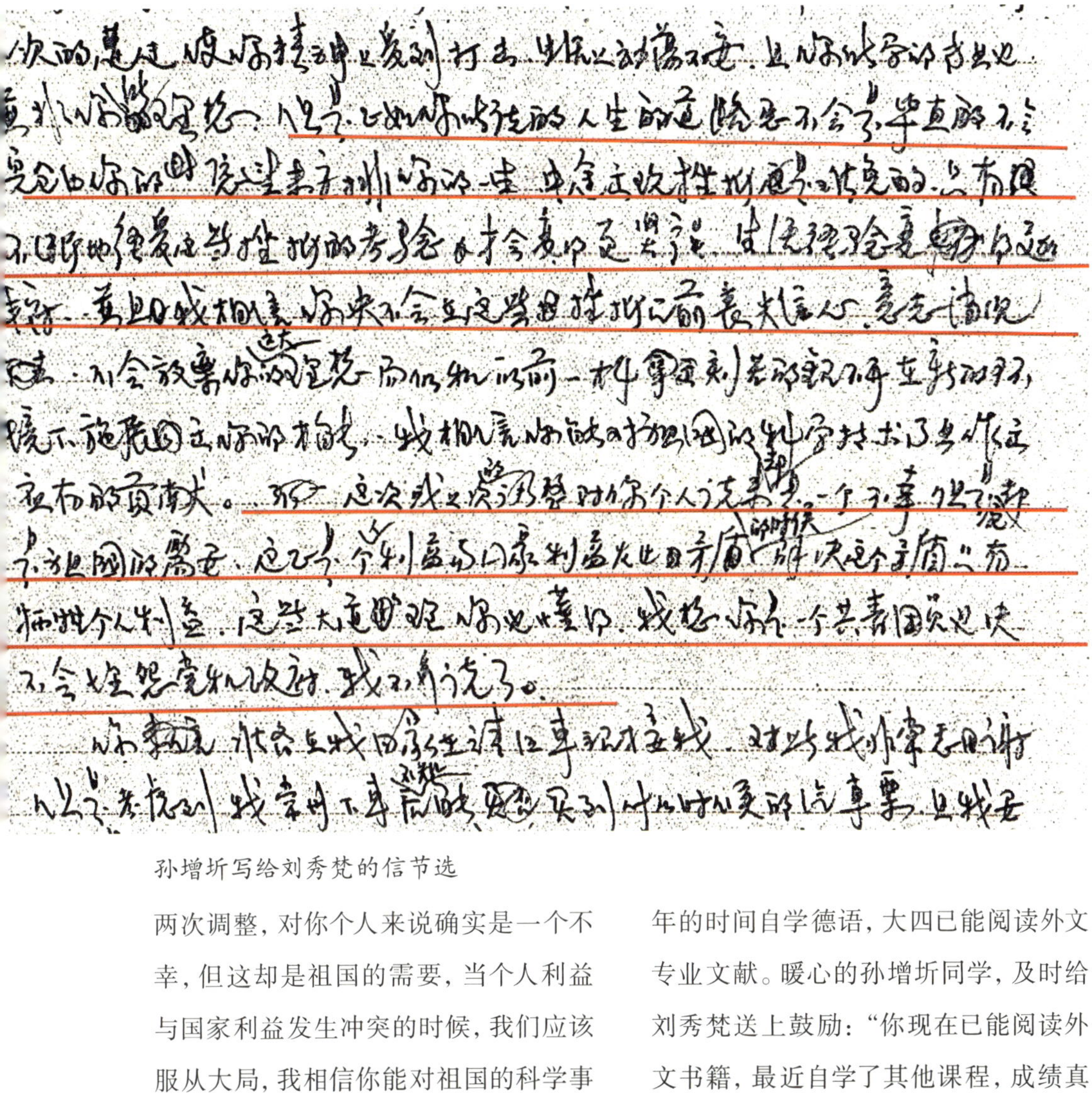

孙增圻写给刘秀梵的信节选

两次调整，对你个人来说确实是一个不幸，但这却是祖国的需要，当个人利益与国家利益发生冲突的时候，我们应该服从大局，我相信你能对祖国的科学事业作出应有的贡献。”“这次或者二次的调整，对你个人来说是一个不幸，但这正是祖国的需要，这正是个人利益和国家利益发生矛盾的时候，解决这个矛盾只有牺牲个人利益……”

在孙增圻的鼓励下，刘秀梵将挫折化为动力，投入学习中。大三时花了一年的时间自学德语，大四已能阅读外文专业文献。暖心的孙增圻同学，及时给刘秀梵送上鼓励：“你现在已能阅读外文书籍，最近自学了其他课程，成绩真是惊人，我衷心地祝贺你学习上取得重大进步，登上科学之峰，为祖国的社会主义现代化建设贡献一份力量。”

1962年，刘秀梵的父亲因病去世，家庭的负担更加沉重，刘秀梵在给孙增圻信中提到了生活上的苦恼。孙增圻在回信中说：“这样的不幸，肯定不是文字能表达的，我希望你寒假过得尽量愉快些，不必为此事而烦恼悲伤。我想这也是你父亲的愿望。像你这样一个有远大理想的人是能克服一切困难的，绝不会陷入深深痛苦之中。”

1960年到1965年，两位挚友一共往来了40多封书信。

胸怀家国，同为大先生

“党是如此的重视农业，对农业提出了很高要求，为农业工作者开辟了广阔天地，为我国迅速发展农业贡献力量是相当光荣的。我希望你能安心学习，努力提高自己。”

“祖国的建设对科技人才十分渴求，你我专业虽然不同，但是都有广泛的空间，希望我们在不同的道路上高歌猛进。”

……

他们胸怀家国，弘志励学。这样充满壮怀激情的对话，在信件中反复出现10多次。也正是这种清澈的信仰，激励着两人在科学道路上一路高歌。毕业后，因成绩优异，刘秀梵、孙增圻分别留校工作。20世纪80年代前后，他们先后远赴海外留学。

年轻时的刘秀梵和孙增圻在清华大学（左一为刘秀梵，中间为孙增圻）

刘秀梵回国后长期奋战在动物传染病学研究最前沿，主要从事畜禽传染病流行病学与发病机

刘秀梵院士和学生在一起

孙增圻获颁中国工程机器人大赛十周年杰出贡献奖

理研究，先后研制出禽流感（H9亚型）灭活疫苗、新城疫基因Ⅶ型灭活疫苗等多种新型疫苗，填补国内外多项空白，荣获国家技术发明奖二等奖等荣誉，成为我国知名的动物传染病学研究专家，荣登世界兽医荣誉殿堂，2005年当选中国工程院院士。现为扬州大学兽医学院教授、博士生导师，全国动物防疫专家委员会副主任委员，国家重点学科预防兽医学学科带头人，农业部畜禽传染病重点开放实验室主任。

孙增圻回国后长期从事智能控制及机器人方面的教学和研究工作，编著了《智能控制理论与技术》《系统分析与控制》等一批著作，曾任863计划航天领域遥感科学及空间机器人专家组组长，多项成果获得教育部科技进步奖，在智能控制、机器人和人工智能等领域取得了突出成绩。现为清华大学教授，博士生导师。

从前车马很慢，书信很远，但梦想却在实干笃行中日渐丰盈。60余年弹指一挥间，如今，两位志同道合的学子已各自成为所在领域的顶尖专家，不忘初心，共同奋斗，一路追光逐梦，两人一起用实际行动兑现了青春的约定。“这正是祖国的需要”也激励着每一位青年学子珍惜时光，勤奋学习，不断提升自我，为实现个人梦想和国家愿景不懈奋斗。

（范晓青）

请你们不要过分伤心

管建跃家书

“亲爱的爸爸妈妈：明天我们就要奔赴战场打仗了，此时此刻有很多话要对你们讲……离开你们两年多了，说心里话，我很想念你们，想立刻回家看望你们，哪怕只看一眼，哪怕只为你们做一件事！可是，我不能这么做。敌人的枪炮正威胁着祖国的安全威胁着千千万万个父母和兄弟姐妹。……儿作为一名军人，不能不尽自己的责任和义务。儿知道，战争是残酷的，是要流血甚至要付出生命的。这些，我反复思考过，也做好了一切思想准备……

管建跃

假如我牺牲在战场上，请你们不要过分伤心，千万要挺住，要知道，儿是为祖国、为人民、为了千万个家庭的幸福而牺牲的，是光荣的……我牺牲后，如果还有遗体的话，就请部队和活着的战友把我的遗体埋葬在中越边境上吧！让我九泉之下，能够看到战友们胜利归来……”

这是管建跃奔赴越南战场前，写给家人的最后一封家书，也是他对祖国最深沉的告白。

血染山河

1978年，越南政府忘恩负义，穷兵黩武，肆意侵犯我国边境。年底，中央军委决定从各部队抽调一批军事骨干到广西边境，准备严惩入侵之敌。1979年2月16日，《人民日报》发表文章《是可忍，孰不可忍》，让全世界明白中国的态度和决心。

那时，入伍快两年的泰州籍战士管建跃正准备回家看望生病的母亲，听到这个消息，立马放弃了探亲，向连队首长交上请求上前线的申请书。首长考虑到他的伯父是烈士，一个弟弟又在部队，并没有批准他的请求。那天夜里，他划破自己的手指，用鲜血写下7个大字“请批准我上前线”。这份特殊的申请书，深深震撼了首长，经向上级机关请示后同意了他的申请。

人民日报
RENMIN RIBAO
华国锋叶剑英邓颖超同志会见并宴请西哈努克亲王宾努亲王
我外交部照会越南驻华大使馆
最强烈抗议越南侵犯中国领土制造新的严重流血事件
越南当局穷兵黩武煽动对华战争
是可忍，孰不可忍
——来自中越边境的报告

1979年2月16日，《人民日报》发表文章《是可忍，孰不可忍》

1979年1月16日，管建跃和战友们在温州军分区集中，21日，随部队到达广西前线。他所在的二连担任后备，负责看守和押解俘虏。部队休整期间，他找到连长和指导员，很郑重地说：“请连首长向上级要求，下次战斗将最艰巨的任务交给我们二连。请连首长将最艰巨的任务交给我们排。”

2月28日，管建跃所在部队接到主

攻敌人横模高地的任务。横模，山高坡陡，地形险要，敌人战壕层层交错，明碉暗堡到处密布，形成了纵横交叉强大的火力网，地雷区的竹尖陷阱更是数不胜数。管建跃与大多数战士们都是第一次上战场，可他们一点也不胆怯，将积蓄已久的怒火交织在猛烈的枪弹里射向敌阵。固守之敌凭借地形优势，利用明碉暗堡交错密集的火力网，进行顽抗。二连勇猛还击，迅速突破了敌人的第一道防线，却更加刺激敌人对他们进行猛攻。中途，管建跃看到前面一个战友中弹了，他迎着枪林弹雨匍匐前进到战友身边，迅速地为他包扎好伤口，并对战友说了“坚持”，又举起枪继续战斗。突然，他的胸部不幸中弹，但他仍艰难地调整姿势，向着目标继续射击、射击……直到完全失去知觉。战友大声地喊着他的名字，可是那个年轻的、固执的男孩再也没有能够给出任何回答。他始终保持着卧射的姿势，手指紧紧地扣在步枪扳机上，那是他留在这个世界上最后的模样。

胸怀热血

“想想二伯父为了中国人民的解放事业英勇牺牲的壮举吧！

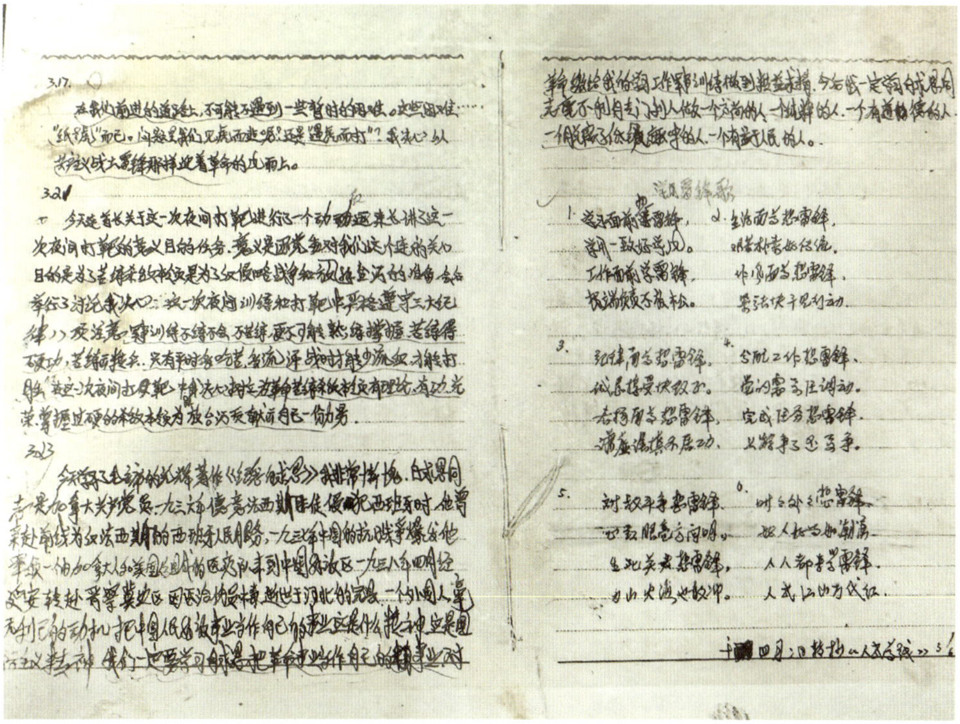

管建跃日记

想想爸爸您1945年参加革命后所经历的一切吧；想想和您一起在解放战争和抗美援朝战争中英勇牺牲的先烈们吧！

他们为的是什么？

……如果儿牺牲，千万不要给党和人民提任何不合理的要求，要以党的事业为重，将精力投入到四化建设中去……”

管建跃，1958年4月16日出生于泰州市打笆巷一个干部家庭，他的父亲管金城是一名1945年就参军的空军军人，每年回家探亲时，都会带他来到烈士陵园，那里长眠着父亲的许多战友，还有管建跃在黄桥决战中牺牲的二伯父。母亲朱炳然对他的管教也很严格，经常给他讲述祖父祖母在革命战争年代从事地下工作的故事，《红岩》《革命故事选》就是他的识字本和教科书。耳濡目染，管建跃从小心中便种下了“当兵、报效祖国”的种子。

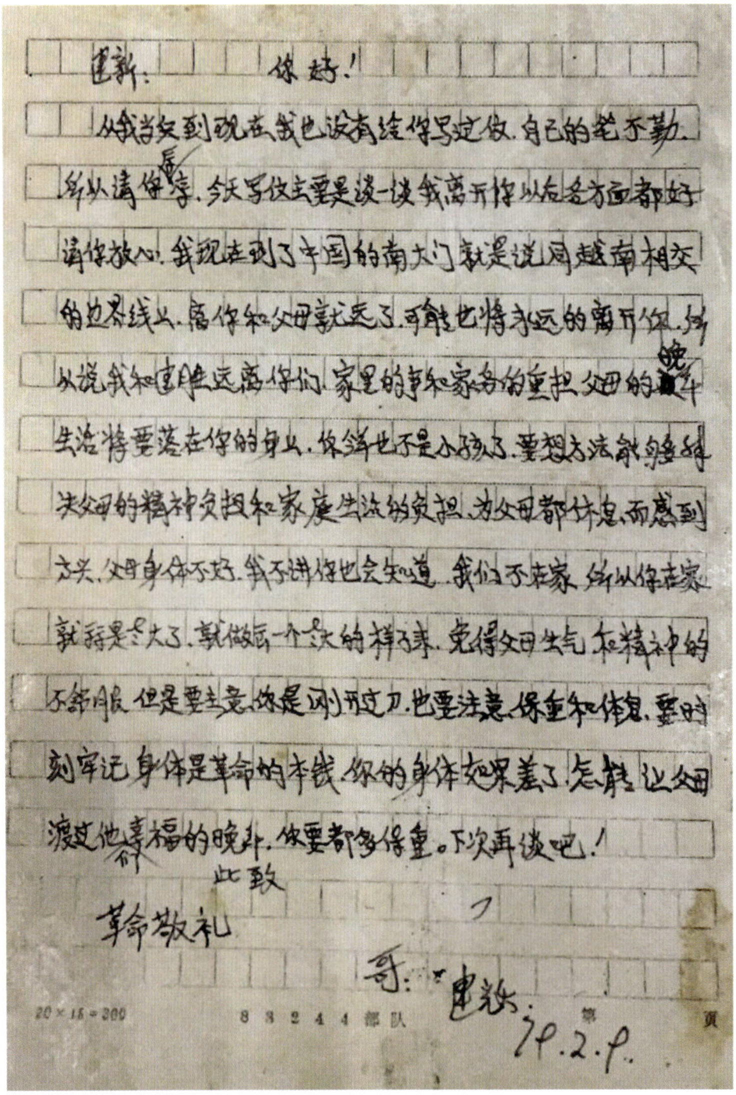
建新：你好！
从我当兵到现在我也没有给你写过信，自己的笔不勤，所以请你原谅。今天写信主要是谈一谈我离开你以后各方面都好，请你放心。我现在到了中国的南大门，就是说同越南相交的边界线上，离你和父母就远了，可能也将永远的离开你们。所以说我和建胜远离你们，家里的事和家务的重担、父母的晚年生活将要落在你的身上。你今年也不是小孩了，要想办法解除父母的精神负担和家庭生活的负担，为父母都休息而感到高兴。父母身体不好，我不讲你也会知道。我们不在家，所以你在家就算是老大了，就做出一个老大的样子来，免得父母生气和精神的不舒服。但是要注意，你是刚开过刀，也要注意保重和休息，要时刻牢记身体是革命的本钱。你的身体如果差了，怎能让父母渡过他们幸福的晚年。你要都多保重。下次再谈吧！
此致
革命敬礼
哥：建跃
79.2.8.
20×15=300　88244部队　第　页

1979年2月，写给弟弟建新的信

高中毕业后，管建跃在泰州整流器厂当模具钳工，每月13元的学徒工资他只留下3元做生活费，其余全部交给母亲贴补家用。1977年1月4日，他终于实现了自己的理想，成为一名光荣的中国人民解放军。在东海前哨——南京军区守备第一团新兵连接受新兵训练的第一天晚上，他在日记中写道："……我要磨练自己，改造自己，学好军事本领，为保卫祖国多作贡献。"父母也总是写信告诫他"……安心在连队服役，听首长的话，苦练杀敌本领。……平时要艰苦朴素，友善待人，千万不要以干部子女自居……"

管建跃的二弟管建胜当时得知他当兵的消息后，还责怪了父母，认为哥哥身体不如自己好，为何让哥哥去当兵。后来他了解到哥哥是避免他去插队，让他留在家里照应父母，至今想来都不是滋味。

管建跃牺牲后，他的母亲朱炳然这样说道："他有封信这样写的，说爸爸妈妈，如果你接到我牺牲的消息时不要难过，还有二弟、三弟，我想到的是祖国的大多数的爸爸妈妈。"朱炳然虽然很悲痛，但她为有这样的儿子感到骄傲："我是个老党员，他的爸爸也是抗日老兵，在这样的情况下，有这样的儿子为国捐躯，我不觉得惋惜。"

2016年清明前夕，管建跃家人和生前战友刘建明来泰州市烈士陵园祭扫

无悔抉择

对管建跃这样从城市来的新兵战士来说，紧张而艰苦的训练生活，无疑是一场严峻的考验，但是他立下誓言，也用毅力和汗水实践了誓言。两个月的新兵训练结束后，他以优异的成绩被分配到八连当步兵。1978年5月，他加入了中国共产主义青年团。

在上战场前，管建跃和4个泰州籍老乡有一场令他们中活着的人永远不会忘记的谈话。他在自己的一张两寸照片四周画上了黑色框，下方写了五个字“管建跃遗像”，并对战友们说“这次去打仗，不知何时才能会面，不知道能不能再会面。……这次战斗，我们一定能胜利，我们一定要胜利。但是，战争是残酷的，胜利总是伴随着流血牺牲而来……我已做好了一切准备，并向连队党支部交了入党申请书，请党在战火中考验我，我一定不会辜负党和人民对我的期望，不会给故乡、给亲人朋友丢脸……如果我牺牲在战场，请你们千万不要为我难过，也请你们晚一点将我牺牲的消息告诉我家里……这张照片就作为我的遗像……”

“我非常想念你们，真想立刻就回家看看，哪怕只看一眼！可是我不能这么做，敌人的枪炮正威胁着祖国的安全，儿作为一名军人，不能不尽自己的责任和义务……”一字一句，都流露出

军烈字第 023 号

姓名 管建跃

职别 战士　性别 男

年龄 21　入伍时间 1977.1

入团时间 1978.5

受过何种奖励 三等功一次

按规定发给抚恤费五百元。

革命军人牺牲证明书

管建跃同志　于一九七九年三月一日在　中越边境自卫反击保卫边疆作战中光荣牺牲　除由我军妥为安葬悼念外，特向革命家属表示慰问。望化悲痛为力量，继承先烈遗志，将革命进行到底。并请向　江苏省泰州市　革命委员会申请抚恤，享受烈士家属待遇。

中国人民解放军总政治部

革命军人牺牲证明书

这个年轻人对保卫祖国的强烈意愿。

管建跃牺牲后，部队党委追认他为中共正式党员，授予他革命烈士称号，并追记三等功。在家乡泰州，也为他举行了隆重的追悼会。遵照他的遗愿，他的遗体被安葬在广西防城县那良公社的山坡上，他无声地长眠在南国的春风里，日夜戍卫着祖国的边疆。

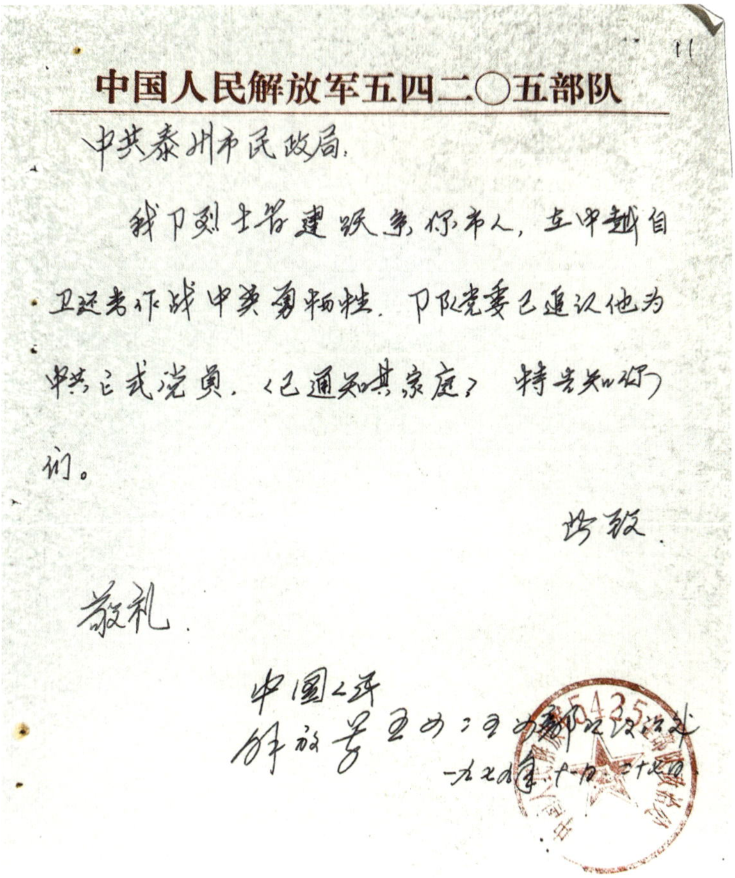
中国人民解放军五四二〇五部队

中共泰州市民政局：

我部烈士管建跃系你市人，在中越自卫还击作战中英勇牺牲。部队党委已追认他为中共正式党员（已通知其家庭），特告知你们。

此致

敬礼

中国人民解放军五四二〇五部队政治处

一九七九年十一月二十七日

1979年11月27日，中国人民解放军54254部队政治处给泰州市民政局的信（追认管建跃为中共正式党员）

这封家书，字字滚烫，句句感人，装不下家，却将国塞得满满的！烈士陵园遗像上那张年轻纯真的脸庞，清澈的眼神、坚定的神情，仿佛还在诉说着对祖国的无限忠诚和对家乡、对亲人无限的眷恋。

（吴泓蜜）

留为后人替我们做结论吧

陈玉生给儿子的信

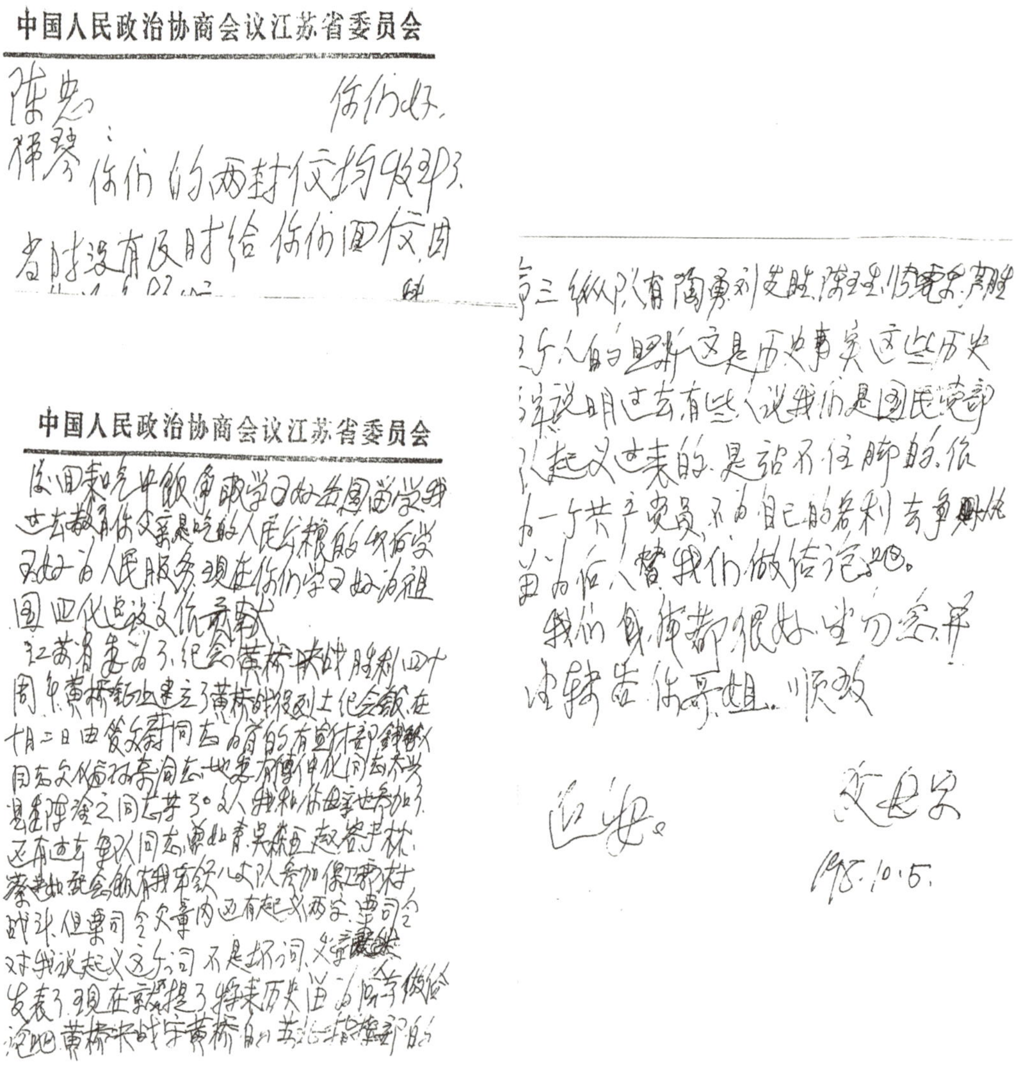

中国人民政治协商会议江苏省委员会

陈忠、
祥琴：　　　　你们好。
你们的两封信均收到了。
当时没有及时给你们回信，因

中国人民政治协商会议江苏省委员会

[illegible]回泰吃中饭，希望学习好，[illegible]学我过去教育你父亲是吃的人民的粮食，所以要学习好为人民服务，现在你们学习好为祖国四化建设作贡献。
江苏省委为了纪念黄桥决战胜利四十周年，黄桥镇建立了黄桥战役烈士纪念馆，在十月二日由管文蔚同志为首的有宣传部[illegible]同志、[illegible]同志，也是有[illegible]同志、[illegible]陈[illegible]同志等30人，我和你母亲也参加了。还有过去[illegible]同志[illegible]，[illegible]纪念馆有[illegible]参加[illegible]，但[illegible]内还有起义两字，[illegible]对我说起义这个词不是坏词，[illegible]发表了，现在就提了将来历史由后人去做结论吧。黄桥决战[illegible]黄桥的[illegible]部的

第三纵队有陶勇、刘先胜、陈玉生、[illegible]这几个人的照片，这是历史事实，这些历史说明过去有些人说我们是国民党部队起义过来的，是站不住脚的。作为一个共产党员，不为自己的名利去争[illegible]，留为后人替我们做结论吧。
我们身体都很好，望勿念。并请转告你哥姐。顺致
近安。
父母字
1985.10.5.

陈玉生写给儿子陈忠的家书

泰兴市档案馆保存着一封陈玉生写给儿子陈忠的家书。信中，陈玉生提及参加黄桥决战胜利40周年纪念活动，表示“纪念馆有我率领八支队参加保卫郭村战斗，但粟司令文章内还有起义两字，粟司令对我说，起义这个词不是坏词，文章既然发表了，现在就不提了，将来历史留为后人去做结论吧。黄桥决战守黄桥的苏北指挥部的第三纵队有陶勇、刘先胜、陈玉生、张震东、卢胜五个人的照片，这是历史事实”。陈玉生对自己参加黄桥战役的经历有骄傲，也有与管文蔚、曾如青、赵容等老战友相遇的感慨，并表示“作为一个共产党员，不为自己的名利去争执，留为后人替我们做结论吧”。如今细细品读，处处彰显出一位共产党人淡泊名利、高洁正气的革命本色和英雄情怀，不免让人肃然起敬。

借枪抗日

陈玉生，1900年出生于泰兴县广陵区周莲乡陈家庄一个佃农家庭，因迫于生计在上海做工。早年他就表现出强烈的爱国热情，1936年春加入中国共产党领导的上海抗日救国会，参加工人夜校学习、抗日宣传和工人罢工等进步活

陈玉生

动。1937年春被国民党上海警察局逮捕，4月转押至泰兴监狱。在狱中，陈玉生发动难友进行绝食抗争，10月被保释出狱。

出狱后，陈玉生回到家乡继续开展爱国救亡活动。他积极联络从沪回泰的进步青年，成立靖泰抗日救亡会，号召各界人士团结抗战，并与马般青、丁正如、王士连等人商定借枪抗日。1938年2月，陈玉生带着20多人用“借枪抗日”的办法，先后向泰兴的鹅湖乡、洋港乡等借得长、短枪150多支。2月16日，泰兴抗日救亡大队成立，下设3个连队，陈玉生任大队长，陈进觉任政治处主任。周边的青年慕名而来，不久抗日救亡大队发展到200多人。

2月21日，陈玉生率部在广陵镇南范家石桥伏击日军，毙伤日军一小部，打响苏北游击抗日第一枪。

救亡大队的发展引起国民党的猜忌，国民党泰兴县县长朱路九派兵围剿，逼迫陈玉生交枪，未果。后又勾结国民党南通专署保安司令袁国宝诱骗陈玉生到南通整训，收缴了救亡大队全部枪支。3月下旬，陈玉生集合旧部百余人，先后收缴国民党如皋县张黄港税所、泰兴县古溪警察分局等长、短枪约200支，重树抗日大旗。

为了让部队获得合法地位，1938年初夏，陈玉生率部受编江苏省民众自卫队通如区右翼指挥部第三支队第二大队，任大队长。后加入国民党鲁苏皖边区游击总指挥李明扬部，编为第三纵队第八支队第二大队，任大队长。

秘密入党

1938年9月，中共中央召开扩大的六届六中全会，确定“巩固华北、发展华中”的战略部署。中央军委新四军军分会副主席陈毅分批派遣部队渡江北上，向苏北挺进，逐步恢复重建泰州地方党组织。

1939年1月，新四军挺进纵队三支队政治指导员金求真到泰兴开展工作，重建党组织。金求真考虑陈玉生部是地方抗日武装，具有强烈的抗战意识，因此到陈玉生部开展政治工作。金求真考察培养优秀青年，先后发展黄云祥、谢克西、莫珊等加入中国共产党。4月，经金求真、惠浴宇介绍，陈玉生加入中国共产党，考虑到所处环境，党组织决定陈玉生为特别党员。

1939年秋，陈玉生奉命往在江南丁蜀山的国民党三战区司令部军需处领取军需物资。途中，陈玉生第一次见到新四军一支队司令员陈毅。陈毅见

新四军在郭村

陈玉生赤脚穿草鞋，马上派警卫员买来鞋袜给他穿上，这让陈玉生百感交集，感动于一位驰骋沙场、军务繁忙的新四军高级将领竟会无微不至关爱自己。陈毅与陈玉生促膝谈心，当陈玉生提出要求加入新四军时，陈毅则从战略、战术角度，阐明团结李明扬及在苏北建立抗日民主根据地的重要意义，要求陈玉生继续留在李部，陈玉生深受启发。

在党的领导下，陈玉生部培养骨干，改组政治处。陈玉生还委派谢克西、黄云祥分别任地方工作科和民运科科长，向各中队派政治指导员。到1940年上半年，陈玉生部发展到千余人，其中有中共党员近80人，全支队10 个连队有9个建立了党支部或党小组，有5个连队的连长、指导员都是共产党员，这支武装已完全置于党的领导之下。

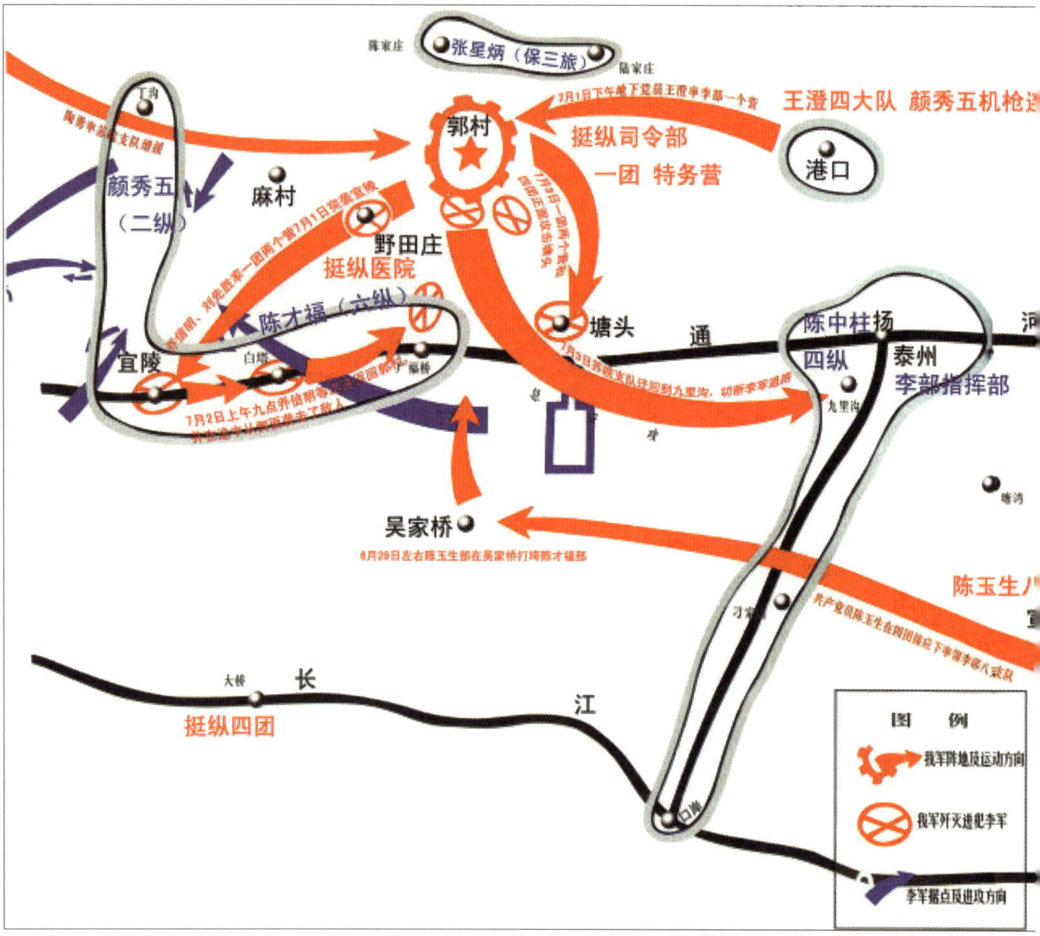

郭村战斗示意图

率部归队

1940年5月17日，新四军挺进纵队进驻郭村。郭村毗邻泰州市，是扬州、江都的“东大门”，是国民党鲁苏皖边区游击总指挥部李明扬、李长江（简称“二李”）防区的“咽喉”，处于日伪军、国民党韩德勤部和“二李”三股势力的集结处。韩德勤不满新四军队伍在苏北的不断壮大，趁机威胁、挑拨“二李”与新四军的关系，破坏抗日团结。

为加强对陈玉生部的控制，李长江命令八支队进驻泰州城防，陈玉生断然拒绝，并派人向新四军挺进纵队副司令员叶飞报告此事。叶飞考虑陈玉生的处境，派遣挺进纵队四团前往泰兴支援陈玉生部。

6月27日，韩德勤命李明扬、李长江所部及张星炳、何克谦、张少华各部，并泰县常备旅迅速将江都、泰县境内的挺进纵队一举歼灭。随后，李长江召开紧急军事会议，作了全面部署。在李部第二纵队担任政训员的中共地下党员郑少仪获悉围攻郭村的消息，深夜趟水涉河，走了10多里路赶到郭村，向挺进纵队副司令员叶飞报告了敌情，为郭村军民争取了极其宝贵的几小时准备时间。

6月28日拂晓，李长江纠集了13个团的兵力对驻郭村的新四军发起进攻。当时，驻郭村的新四军只有2个团和1个特务营，双方实力悬殊，战斗十分激烈。挺进纵队奋起反击，坚守阵地，在地方党组织和人民群众的全力支援下，数次击退进攻之敌。

同时，挺进纵队和苏北特委作出决定，急电四团和八支队，指示陈玉生率部起义，赶赴郭村参加战斗。陈玉生立即率1000多人向指定地点集结，途中遭遇部分队员叛逃。陈玉生表现出对党的忠诚和革命的坚定性，冲破种种阻力，率部西进。7月1日，陈玉生到达大桥地区，在吴家桥击溃了进攻郭村的陈才福部队，控制了江南至江北的交通要道，防止了江南顽敌增援。

李部第二纵队第五支队第四大队大队长王澄、第三中队队长姚力都是共产党员，为驰援郭村在泰州北面的港口率部起义。部队开进郭村，战局急转。7月2日，挺进纵队转守为攻，经内外夹击，李长江的顽军全军溃败。7月4日，挺进纵队全线出击，攻下塘头，直逼泰州城下。

为争取“二李”中立，陈毅主动给李明扬打电话，表明新四军与李部团结抗战、同修旧好的初衷，并派新四

乔信明（右）与陈玉生（中）、刘先胜（左）合影

军战地服务团团长朱克靖到泰州谈判。李明扬释放扣押人员陈同生、周山，并赔礼道歉，派出专使送回挺进纵队。新四军释放全部被俘人员700余人，发还部分缴获枪支，归还郭村、塘头等地。郭村战斗共消灭李长江3个整编团，俘虏700余人，缴获步枪600多支、轻重机枪10余挺，取得了政治、军事双胜利。战后，陈玉生部被编入新四军苏北指挥部第三纵队第八团，陈玉生任纵队副司令员，真正成为新四军。

加入新四军后，陈玉生先后参加黄桥决战、讨李战役等重大战斗。1941年4月，陈玉生任苏中军区第三军分区司令员，率部奋战在抗击日伪的第一线。1945年，组织大反攻，收复黄桥，连克姜堰、曲塘等城镇，参加攻打兴化城和泰兴城的战斗。解放战争期间，先后参加了涟水战役、淮海战役、渡江战役等。新中国成立后，陈玉生先后担任华东军区海军司令部第一副参谋长、江苏省政协副主席等职。虽一度受到不公正对待，但他始终正直无私、胸怀宽阔。

陈玉生与20世纪同生同行，饱尝旧中国农民的艰辛，经历十里洋场中国工人的奋力抗争运动，在民族危亡的关键时刻，在苏中大地率先举起抗日战旗，戎马风尘，叱咤硝烟战火之中。陈玉生在信中提及自己的革命经历，是对革命历程的一次重温，彰显了“听党指挥、跟党举旗”的坚定信念和“挺身而出、迎难而上”的担当作为。作为父亲，他对儿子抱以殷殷期盼：“我过去教育你，父亲是吃的人民公粮的，以后学习好，为人民服务。现在你们学习好，为祖国四化建设作贡献。”谆谆嘱托，殷殷期盼，展现一位无产阶级战士的深厚爱国之情。

（潘国琴）

少先队员一颗赤诚的心

泰县寺巷中心小学三（1）中队给上海宝山钢铁厂的信

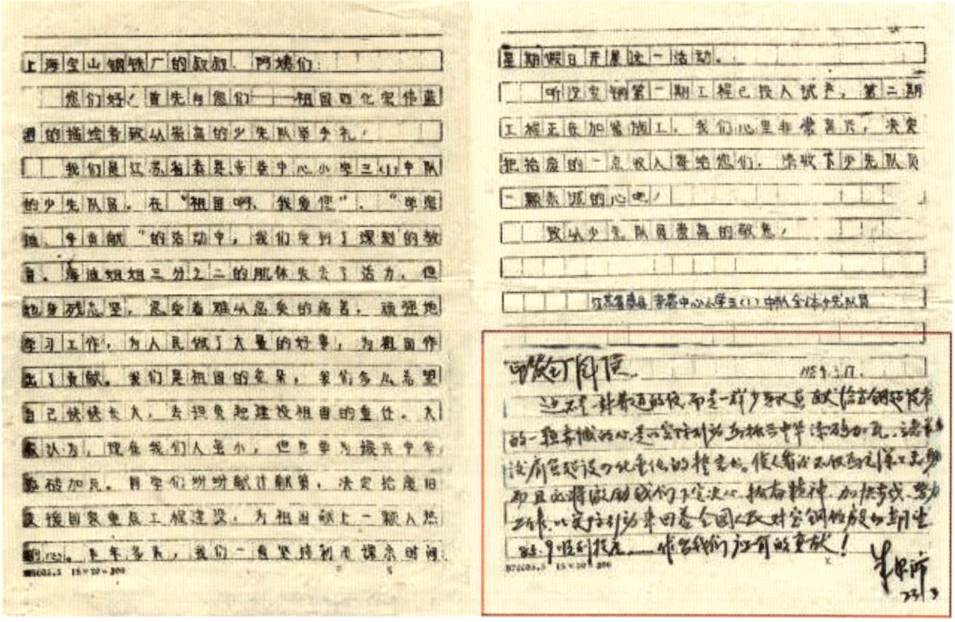

上海宝山钢铁厂的叔叔、阿姨们：

您们好！首先向您们——祖国四化宏伟蓝图的描绘者致以崇高的少先队举手礼！

我们是江苏省泰县寺巷中心小学三(1)中队的少先队员。在"祖国啊，我爱您"、"学海迪、争贡献"的活动中，我们受到了深刻的教育。海迪姐姐三分之二的肌体失去了活力，但她身残志坚，忍受着难以忍受的痛苦，顽强地学习工作，为人民做了大量的好事，为祖国作出了贡献。我们是祖国的花朵，我们多么希望自己快快长大，去担负起建设祖国的重任。大家认为，现在我们人虽小，但也要为振兴中华添砖加瓦。同学们纷纷献计献策，决定拾废旧支援国家重点工程建设，为祖国献上一颗火热的心。一年多来，我们一直坚持利用课余时间、星期假日开展这一活动。

听说宝钢第一期工程已投入试产，第二期工程正在加紧施工，我们心里非常高兴，决定把拾废的一点收入寄给您们。请收下少先队员一颗赤诚的心吧！

致以少先队员崇高的敬礼！

江苏省泰县寺巷中心小学三(1)中队全体少先队员

宝钢中队写给宝钢建设者的信

上海宝山钢铁厂的叔叔、阿姨们：

您们好！

首先向您们——祖国四化宏伟蓝图的描绘者致以崇高的少先队举手礼！

我们是江苏省泰县寺巷中心小学三（1）中队的少先队员。在“祖国啊，我爱您”“学海迪、争贡献”的活动中，我们受到了深刻的教育。海迪姐姐三分之二的肌体失去了活力，但她身残志坚，忍受着难以忍受的痛苦，顽强地学习工作，为人民做了大量的好事，为祖国作出了贡献。我们是祖国的花朵，我们多么希望自己快快长大，去担负起建设祖国的重任。大家认为，现在我们人虽小，但也要为振兴中华添砖加瓦。同学们纷纷献计献策，决定拾废旧支援国家重点工程建设，为祖国献上一颗火热的心。半年多来，我们一直坚持利用课余时间星期假日开展这一活动。

听说宝钢第一期工程已投入试产，第二期工程正在加紧施工，我们心里非常高兴，决定把拾废的一点收入寄给您们，请收下少先队员一颗赤诚的心吧！

致以少先队员崇高的敬意！

江苏省泰县寺巷中心小学

三（1）中队全体少先队员

1984年3月，正在一期工程投产冲刺阶段的宝钢工程建设指挥部，收到了一封笔迹稚嫩的来信，这是江苏泰县寺巷中心小学三（1）中队的46名孩子写给宝山钢铁厂叔叔、阿姨们的书信。

十一届三中全会后，为改变钢铁行业落后面貌，国家启动建设宝钢项目，这是改革开放后我国第一个特大型国家项目。1978年12月23日，宝钢工程打下第一根桩。不久，《人民日报》发表了一篇文章《替宝钢算一笔账》，按计划建设宝钢，需要300亿元的资金，而当时，国家财政收入只有800亿元，全国银行个人储蓄才180亿元。当时全国10亿人口，宝钢的投资分摊到每个人头上也要30元——这几乎就是一个工

宝钢中队辅导员蒋维对学生进行爱国主义教育

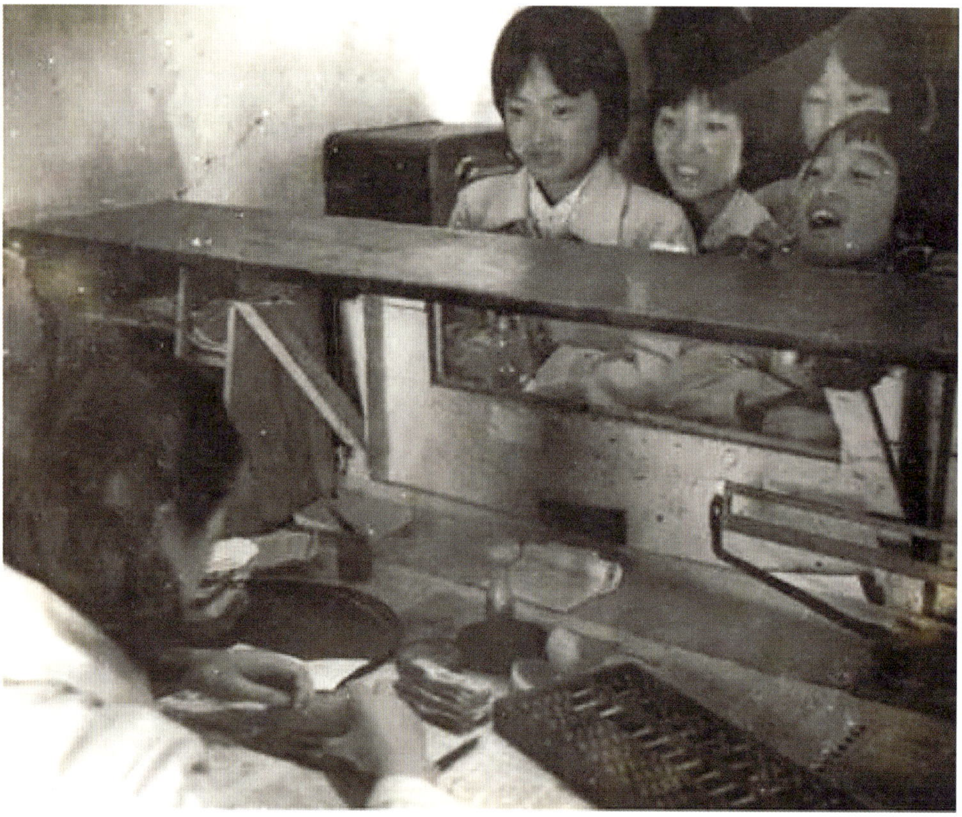

1984年3月17日，学生们到寺巷邮局汇款

人将近一个月的收入了。为解决“国家工程”建设面临的资金紧缺问题，1983年，团中央发出“关心四化建设，支援重点工程”的号召。

建设“四个现代化”的宏伟蓝图激荡着每一个中国人的心，1983年9月，在中队辅导员蒋维的带领下，寺巷中心小学三（1）中队用拾废捡旧这种比较简单易行的方法响应祖国号召，46个孩子捡拾了半年多，靠卖废品积攒了19.87元。这笔“巨款”支援哪个重点工程呢？有的孩子说，这19.87元对国家重点工程来说怕只够买几颗螺丝钉吧，但孩子们讨论后觉得，在大机器上能拧上我们奉献的小小螺钉也值得自豪啊！蒋维告诉孩子们，现在上海宝钢正处于建设的关键时刻，困难很多。在老师的引导下，孩子们一致决定，将这笔来之不易的钱（用来）支援宝钢建设。1984年3月17日，孩子们通过邮局把19.87元和一封充满炽热之情的书信寄给了宝钢，同时给自己的中队起了个响亮的名字——“宝钢中队”。

这19.87元和这封信摆在了宝钢党

第4版　　宝钢报　　1985年8月6日

江苏省泰县寺巷中心小学四(1)中队的全体少先队员给总厂领导同志的信

敬爱的朱伯伯：您好！

我们是江苏省泰县寺巷中心小学四(1)〔原三(1)〕中队的全体少先队员。来信首先向您并通过您向决战在十二平方公里工地上的伯伯、叔叔、阿姨、大哥哥、大姐姐致以少先队员最崇高的敬礼！

去年三月，我们开展了拾废捡旧的活动，为宝钢建设表达了一点点心意，却受到了伯伯的高度赞扬，受到了全厂职工的热情鼓励，真有点不好意思。一年多来，我们先后收到了总厂团委、能源部团委、自动化部团委、初轧厂连轧车间团总支、初轧厂连轧车间行车司机训练班、20冶三公司杨云海施工队等单位寄来的信和礼物。特别是自动化部钢管站团支部的大哥哥、大姐姐经常来信鼓励我们好好学习，并亲自来辅导我们活动，对我们的帮助很大，使我们又前进了一步。去年，我们中队受到扬州市团委的表彰，派代表光荣地出席了江苏省首次优秀少先队员和辅导员代表大会，被表彰为"红领巾为'六五'作贡献"的功勋中队，并获到了全国"快乐的中队"竞赛优秀奖。

85·9——这个宝钢投产的日子，象征着祖国钢铁工业腾飞的字眼，在我们全体少先队员心中深深扎下了根。

在迎接85·9的日子里，我们开展了不少有意义的有创造性的活动。

为了向宝钢汇报我们取得的成绩，向宝钢胜利投产献上一份礼，中队开展了"创三好，争先进"的活动。每个队员都制订了规划，确定了自己努力的方向。队员张海霞努力攻下作文关，在学校举行的"我爱老师"征文竞赛中获得了一等奖，凡小平同学的数学成绩长期在80分左右，活动中她克服了比上不足，比下有余的思想，经过刻苦学习，每次考试都得满分；王慧同学从一年级起就是尖子学生，年年当三好，可有段时间骄傲了，退步了。中队号召大家创造优异成绩向宝钢汇报，使她受到鼓舞，重新振作起来，又象以前那样进步了；王珍同学是中队旗手，原来各方面都不错，去年十二月她的当村长的爸爸因犯"非法拘禁罪"被捕入狱，她本人又在睡梦中从床上摔下，跌断了右臂，精神上的打击，肉体上的疼痛，使她内心非常痛苦，情绪十分低沉。队员们不但对她没有另眼看待，而且伸出了一双双友谊的手，我们组成了几个送温暖小组，有的去她家里帮助料理家务，有的带了礼品到医院去安慰她，鼓励她继续上进，帮她补课。王珍同学深受感动，她一边治病，一边学习，结果不仅当上了三好学生，而且被评为全校的学习标兵。

一年来，我们全中队46人有36人次被光荣地评为三好学生，得到了学校颁发的三好生奖章，大家把36枚奖章排成"85·9"三个阿拉伯字，再让毛笔字写得最好的叶素梅同学写上"献给宝钢"几个字嵌在大玻璃匾中，这份倾注了我们全体队员心血的珍贵礼品到昨天为止终于制成了。

刺绣兴趣小组的八位女同学提议绣制一面"心心向宝钢"的锦旗，并且设计了草图，让全体队员讨论、提意见，我们反复讨论，修改草图，现在这面锦旗的设计定稿了：锦旗用白布做，这象征着宝钢是建在东海之滨的芦苇滩上，在一张白纸上画出了最新最美的图画。白布中央是一个蓝色的大地球，地球中心是"宝钢"二字汉语拼音第一个字母的大写"BG"，下面是"85·9"字样，这象征着我国的钢铁工业跨入了世界先进的行列，宝钢象巨人一样屹立在世界的东方。地球外围是46个含苞欲放的花朵，表达我们中队46个少先队员人人心向四化、心向世界、心向未来。目前，我们正在老师辅导下精心绣制这面锦旗。

"宝钢铁路正式通车"、"宝钢二期工程开始安装钢结构"、"宝钢炼铁系统进入热态准备"、……捷报一个接一个地不断从您的身边飞来，我们每个人的心里都感到甜滋滋的。正如伯伯您在全国人大会上说的，"宝钢按期投产已胜利在望。"我们全体队员一定以实际行动迎接85·9的到来。

祝宝钢一次投产胜利成功！

祝伯伯身体健康，工作顺利！

江苏省泰县寺巷中心小学
四(1)中队全体少先队员
1985.7.7

△在宝钢85·9即将来临时刻，这群少先队员经过全班同学的讨论，决定献给宝钢一份礼物。他们用全班三十六位同学获得三好奖章，排列成85·9字样。他们设计了象征宝钢犹如巨人一样屹立在世界东方的图案（将在日后刊出），秀制了一面十分精制的"心心向宝钢"的锦旗。

一群少先队员的赤诚之心

·总厂党办·

一年前，正是这群小朋友，在开展为重点工程作贡献的活动中，全班同学通过拾废旧，给宝钢捐款十九元八角七分。一年来，他们在宝钢建设日益发展的形势鼓舞下，又开展了不少有益的活动，受到了扬州市团委的表彰，被评为江苏省"红领巾为'六五'作贡献"的功勋中队，获得了全国"快乐的中队"竞赛优秀奖。今天，我们又收到了江苏省泰县寺巷中心小学四(1)班寄来的一封热情洋溢的信和二张彩色照片，这是一群少先队员献给宝钢的赤诚之心，也是预示八五·九顺利开工。

1985年《宝钢报》报导

宝钢简报

（十五）

上海宝山钢铁总厂党委办公室编　　1984年3月24日

编者按：

正当全厂职工充满信心决战八四年，迎接"八五·九"的关键时刻，我们收到了江苏省泰县寺巷中心小学三(1)中队全体少先队员寄来的一封热情洋溢的信和他们通过拾废旧得来的捐款十九元八角七分，这是孩子们献给宝钢建设的一颗赤诚的心。他们的举动令人感动，深受鼓舞。总厂领导同志亲自阅读来信，并批示印发给全厂各班组，望全体职工认真读一读、议一议、想一想，从中受到什么教益，得到什么启迪？

这些孩子们用半年时间拾废旧为宝钢建设筹集资金。拾几元钱对宝钢来说是微之又微，但孩子们这种为振兴中华添砖加瓦、艰苦奋斗的火热的心，是金钱无法衡量的。我们作为宝钢建设者如何发扬艰苦创业、勤俭建国的精神，节约每一个铜板建设宝钢，不值得我们深思吗？

宝钢是我国最大的现代化钢铁联合企业，建设得好坏，牵动着全国十亿人民的心，特别是这些孩子们这样关注宝钢，期待宝钢，支援宝钢，我们作为宝钢建设者，难道不应该安心宝钢、热爱宝钢、献身宝钢、树立起宝钢是全国的，我是宝钢的主人翁思想吗？

祖国四化建设的宏伟蓝图激励人们奋发图强，孩子们希望宝钢快快长大，尽快担负起建设四化的重任，为祖国作出贡献。我们作为宝钢建设者，离"八五·九"投产的时间不多了，不应该树立高度的紧迫感、下定决心、振奋精神、努力拼搏、锐意进取、把我们各项生产准备工作做到万无一失吗？

为此，全厂职工一定要在邓小平同志题词的精神鼓舞下，不断提高思想政治觉悟和技术业务水平，善于学习，善于创新，"以实际行动来回答全国人民对宝钢的殷切期望——八五·九顺利投产——作出我们应有的贡献！"

宝钢简报

委书记朱尔沛的办公桌上，朱书记心情非常激动，挥笔在信上写下了批示：“印发全厂阅读：这不是一封普通的信，而是一群少先队员献给宝钢建设者的一颗赤诚的心，是以实际行动为振兴中华添砖加瓦、立志长大后肩负建设四化重任的誓言书。使人看后不仅为之深深感动，而且必将激励我们下定决心，振奋精神，加快步伐，努力工作，以实际行动来回答全国人民对宝钢的殷切希望——八五·九顺利投产——作出我们应有的贡献。”随后，“宝钢中队”的信和朱书记的批示被印发1700多份发到全厂每一个班组。同学们在来信中说道：“现在我们虽小，但也要为振兴中华添砖加瓦！”让宝钢人深深感动了，职工们在看，在议，在想，十二平方公里的厂区掀起了热浪。

这笔捐款只有19.87元，对于一个投资300多亿元的国家重点项目可以说微不足道。这个故事，作为全国人民支援宝钢建设的缩影，也早已融入宝钢，成为了宝钢历史的一部分。宝钢将孩子们寄钱的故事创作成油画，珍藏在宝钢历史陈列馆，并委派团员担任“宝钢中队”校外辅导员。

40年间，“宝钢中队”的孩子换了一茬又一茬，但中队与宝钢的联系始终没有中断。

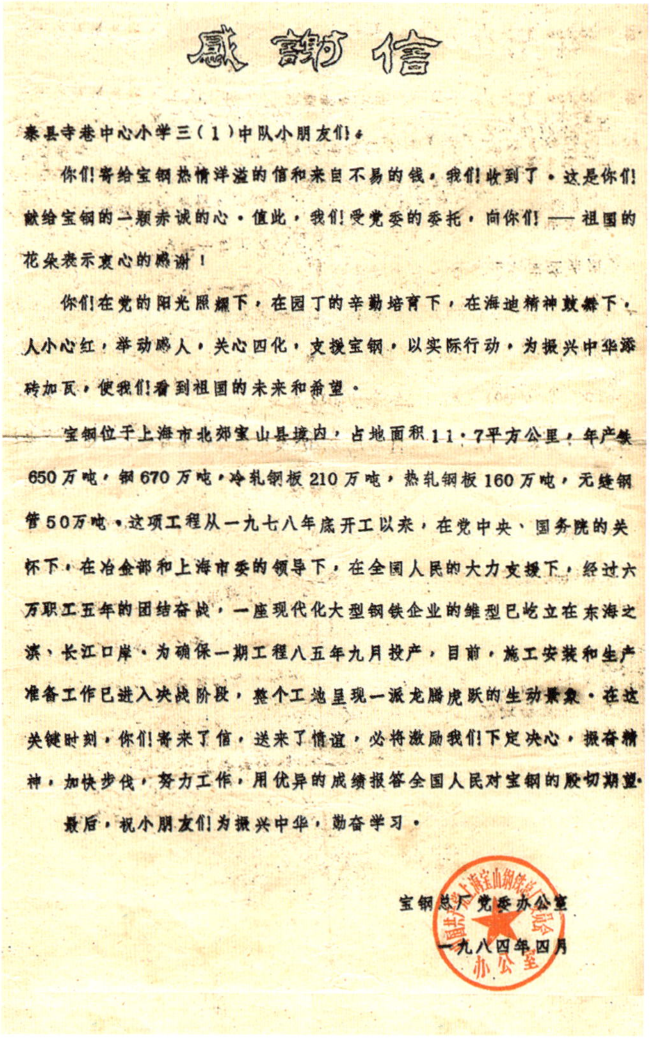

感谢信

泰县寺巷中心小学三（1）中队小朋友们：

你们寄给宝钢热情洋溢的信和来自不易的钱，我们收到了。这是你们献给宝钢的一颗赤诚的心。值此，我们受党委的委托，向你们——祖国的花朵表示衷心的感谢！

你们在党的阳光照耀下，在园丁的辛勤培育下，在海迪精神鼓舞下，人小心红，举动感人，关心四化，支援宝钢，以实际行动，为振兴中华添砖加瓦，使我们看到祖国的未来和希望。

宝钢位于上海市北郊宝山县境内，占地面积11.7平方公里，年产铁650万吨，钢670万吨，冷轧钢板210万吨，热轧钢板160万吨，无缝钢管50万吨。这项工程从一九七八年底开工以来，在党中央、国务院的关怀下，在冶金部和上海市委的领导下，在全国人民的大力支援下，经过六万职工五年的团结奋战，一座现代化大型钢铁企业的雏型已屹立在东海之滨、长江口岸。为确保一期工程八五年九月投产，目前，施工安装和生产准备工作已进入决战阶段，整个工地呈现一派龙腾虎跃的生动景象。在这关键时刻，你们寄来了信，送来了情谊，必将激励我们下定决心，振奋精神，加快步伐，努力工作，用优异的成绩报答全国人民对宝钢的殷切期望。

最后，祝小朋友们为振兴中华，勤奋学习。

宝钢总厂党委办公室

一九八四年四月

感谢信

1986年，时任宝钢总厂党委书记朱尔沛与寺巷中心小学三（1）中队学生代表合影

宝钢中队全体46位队员和校外辅导员的合影

1985年宝钢投产后，中队的孩子们将自己的三好学生奖章设计成“85·9”图样，献给宝钢。1986年7月，三（1）班中队的学生来到上海，与宝钢钢管厂举行交接仪式，正式成立“宝钢中队”，朱尔沛为队员们写下“爱国勤学、奋发向上”的寄语。从此，队员们一直以“爱国勤学、奋发向上”为班级奋斗目标，开展各项活动，先后获得全国和江苏省优秀中队称号。

2018年，宝钢历史陈列馆门前增挂了“泰州市寺巷中心小学德育基地”铜牌。2018年12月23日是宝钢公司成立40周年纪念日，“宝钢中队”的师生代表应邀参加“致敬改革开放40周年，致敬宝钢建设40年”系列活动。“宝钢中队”第一届中队辅导员、已经退休的蒋维，带着“宝钢中队”22名第1届和13名

2018年，寺巷中心小学代表团在宝钢历史陈列馆，共同见证“泰州市寺巷中心小学德育基地”挂

第11届学生代表走进了宝钢。2021年3月，建党100周年前夕，蒋维给宝钢宣传部写信，专门汇报了学校（现改名泰州市周山河小学）教书育人情况。2021年6月1日，寺巷中心小学举行“献礼建党100周年”主题队日活动，宝钢股份向寺巷中心小学捐赠图书3000册，捐资30万元建设钢娃图书馆，现场举办了钢娃图书馆揭牌仪式，宝钢股份团委青技部部长王佼娇、团委宣教部部长储文被寺巷中心小学聘任为宝钢中队校外辅导员。

这封信是中国少年儿童热爱祖国、支援祖国建设的缩影。其精神内核就是爱国、勤学、乐于奉献。寺巷中心小学一直传承弘扬“宝钢中队精神”，培养热爱祖国、关心社会、热心公益的新一代中国少年。2018年，在第11届宝

85·9玻璃镜匾

1985年，宝钢投产时宝钢中队送的贺礼

钢中队师生倡导下，寺巷中心小学成立了“和雅爱心志愿团”，与“宝钢中队”一起开展“公益童行”系列活动。每年组织“爱心义卖”，将爱心款用于帮扶贫困学生；重阳节走进敬老院，慰问孤寡老人；儿童节走进残疾儿童康复中心，义务辅导残疾儿童学习……孩子们在服务他人的同时，也收获着幸福与成长。

“宝钢中队”是一个光荣的少先队集体，“宝钢中队精神”也已然成为了一种精神力量，历久弥新，代代相传。

（吴泓蜜）

2021年6月1日，钢娃图书馆揭牌、捐赠仪式

2018年，寺巷中心小学代表团访问宝钢股份，首届宝钢中队辅导员蒋维、宝钢老同志等与师生代表以“致敬宝钢建设40周年，寻访新时代宝钢精神”为主题开展活动

请你们改正

叶飞给靖江县委的回信

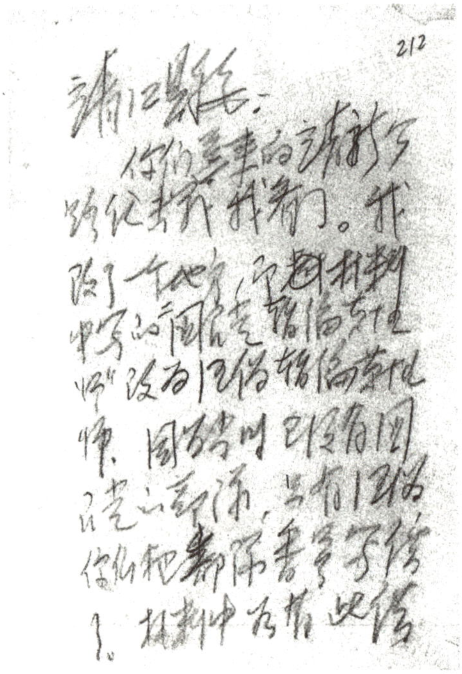

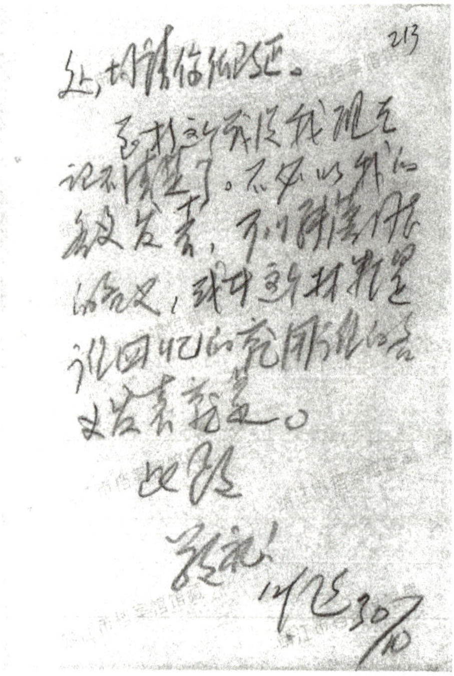

叶飞给靖江县委的回信

靖江县委：

你们寄来的靖新公路伏击战我看了。我改了一个地方，即材料中写的“国民党暂编第十九师”更正为“汪伪暂编第十九师”。因为当时已没有国民党的部队，只有汪伪。你们把部队番号写错了。材料中如有此错处，均请你们改正。

至于这个战役我现在记不清楚了。不必以我的名义发表，可以张藩同志的名义，或者这个材料是谁回忆的就用谁的名义发表就是。

此致

敬礼！

叶飞

10月30日

20世纪80年代，靖江县委将党史办公室组织编写的《靖新公路大捷》初稿寄给时任全国人大常委会副委员长的叶飞，请他审定，并恳请他具名在《靖江县革命历史资料选辑》上刊载。叶飞认真审读稿件，并写了这封回信。

叶飞的这一纸回信，朴实无华，字里行间流露出对历史的敬畏与尊重，体现出求真务实的严谨作风，反映了革命者实事求是的精神风貌。在回信中，他指出了初稿中的一处错误，将“国民党暂编第十九师”更正为“汪伪暂编第十九师”；婉拒了靖江县委希望以他个人名义发表这篇文章的请求，因为他深知这场战斗的胜利是全体军民共同努力的结果，而非他一人之功，因此建议靖江县委采用实际参与战斗者或者回忆人作为文章来源。“请你们改正”，这不仅是对革命历史负责，更是对后世的警醒与启示，让人肃然起敬。

叶飞与泰州

叶飞，1914年出生于菲律宾，祖籍福建南安，是骁勇善战威震华东的名将，其革命生涯与泰州这片热土紧密相连。在开辟苏北抗日民主根据地时期，叶飞经历了关键性的三个战役：半塔保卫战、郭村保卫战和黄桥决战。从烽火连天的抗战岁月，到波澜壮阔的解放战争，他始终冲锋在前，用鲜血和生命书写着对国家和人民的忠诚。在泰州、靖江等地，他亲自指挥了多场重要战斗，以卓越的军事才能和坚定的革命意志，赢得了人民群众的衷心拥护和爱戴。此外，他还致力于文化事业的发展，领导出版《江潮报》，成为党领导人民坚持敌后斗争的重要舆论阵地。

1939年底，叶飞率部与丹阳游击队合编为新四军挺进纵队，任该纵队副司令员，后北渡长江在扬州、泰州地区开展抗日斗争。1940年6月，他指挥郭村保卫战，经过激战，成功击退国民党顽固派军队的进攻，歼灭其3个团。其实在做郭村保卫战的决策时，陈毅是电报要求叶飞退守吴家桥。就决定是在吴家桥打，还是在郭村打，叶飞不敢懈怠，连夜召开挺进纵队和苏北特委领导人联席会议，后来又把团以上干部召来一起讨论。在充分分析所处形势后，叶飞沉思很久，掂量半天，反复衡量利弊，最后还是下决心说：“既然大家都认为在这里打有把握，那好，就在这里打。对陈司令员，我负责好了……他只到过吴家桥，没有到过郭村，不了解这里的地形、群众条件和敌情。我们前线指挥员了解情况，要敢于实事求是，敢于负责，这才是真正对陈司令员负责！对党负责！”正是在这种实事求是、勇于担当的精神指引下，这才有了为新四军东进黄桥、开辟苏北抗日根据地创造了有利条件的郭村保卫战。

1940年9月营溪反击战，拂晓时我军进攻，韩德勤第八十九军用少数部队火力掩护，主力很快撤走，我军追击不及，让他缩回去了。正面进攻的部队缴获人枪也不多，我军由于反击过早致使没有完成歼灭顽军主力的任务。虽然打了胜仗，对叶飞说来，教训却是深刻的。四十多年后，他在回忆录中写道：“我们几个冒失鬼没有打好，却使我们有不少长进，我们才真正懂得‘诱敌深入，聚而歼之’这门学问。”他没有客观强调胜利，而是用辩证思维让我们看到了他对待历史事件的自省和客观

1945年叶飞率部南下途经驻留地（靖江市生祠镇红英村）

严谨。

10月，叶飞参与黄桥决战，在这场激战中，叶飞率部适时出击，与国民党顽固派军队进行了殊死搏斗。经过激烈战斗，全歼国民党顽固派韩德勤部独立第六旅，并协同其他部队歼灭了韩德勤的主力第八十九军一部分。这一胜利对于赢得黄桥决战胜利、建立抗日根据地具有重要意义。

靖新公路大捷

1943年，靖江地区抗日斗争形势异常严峻，汪伪政府试图通过“蚕食”策略扩大其势力范围。在此背景下，汪伪暂编第十九师师长蔡鑫元，因垂涎伪靖江县警察局局长陶明德在新港、八圩港口等地的巨额税收，派遣部队占领新港，对苏中抗日根据地的物资运输和人员秘密往来构成了严重威胁。面对这一紧急情况，中共靖江县委迅速将情报上报至苏中三地委和苏中军区第三军分区。

新四军一师副师长兼一旅旅长叶飞，也是苏中三地委书记和军分区政委，对此事高度重视。他敏锐地察觉到汪伪内部的两股势力之间存在矛盾，决定利用这一矛盾，采取“打蔡保陶”的策略，扭转靖江地区的斗争形势。叶飞与军分区司令员陈玉生、副司令员张藩等人商讨对策，并亲自前往靖江，在弯腰沟的一间茅舍内，主持召开了靖江、如皋、泰兴、泰县四县独立团负责人联席会议。

会上，叶飞对战斗作了具体研究和周密部署，明确了作战方案，并决定由副司令员张藩指挥此次战斗。张藩就是叶飞信中提到的建议署名的人，叶飞建议“可以张藩同志名义”，这是他尊重历史，实事求是的精神体现。会后，靖江县委按照部署，一方面积极准备粮草，组织担架队、民兵和游击队参战；另一方面，派出联络人员与陶明德接洽，要求其在新四军攻打伪十九师时保持中立，不得出援，并关闭沿线据点大门，防止伪军逃入。

1943年4月15日清晨，一切准备就绪。靖江、如皋、泰兴、泰县四县独立团和苏中第三军分区特务营，在张藩的指挥下，于靖新公路的药师庵地段设下伏击圈。当伪十九师七十三团陈正才部沿公路向靖城开进，进入伏击圈时，新四军各伏击部队突然从四面八方冲上公路，与敌人展开了激烈的肉搏战。伪军毫无防备，部分被击毙，大多数被俘。少数扔下辎重，企图逃向附近的陶明德部据点。但据点内的伪军以“防止新四军乘机冲进据点”为由，将他们拒之门外。

整个战斗仅持续了几十分钟，新四军全歼了伪十九师七十三团和特务营，毙伤敌人300余人，俘虏伪团副、营长以下450余人。这场战斗的胜利，不仅粉碎了伪十九师霸占靖江的阴谋，更一举扭转了整个靖江地区的斗争形势，也为苏中抗日根据地的巩固和发展做出了贡献。

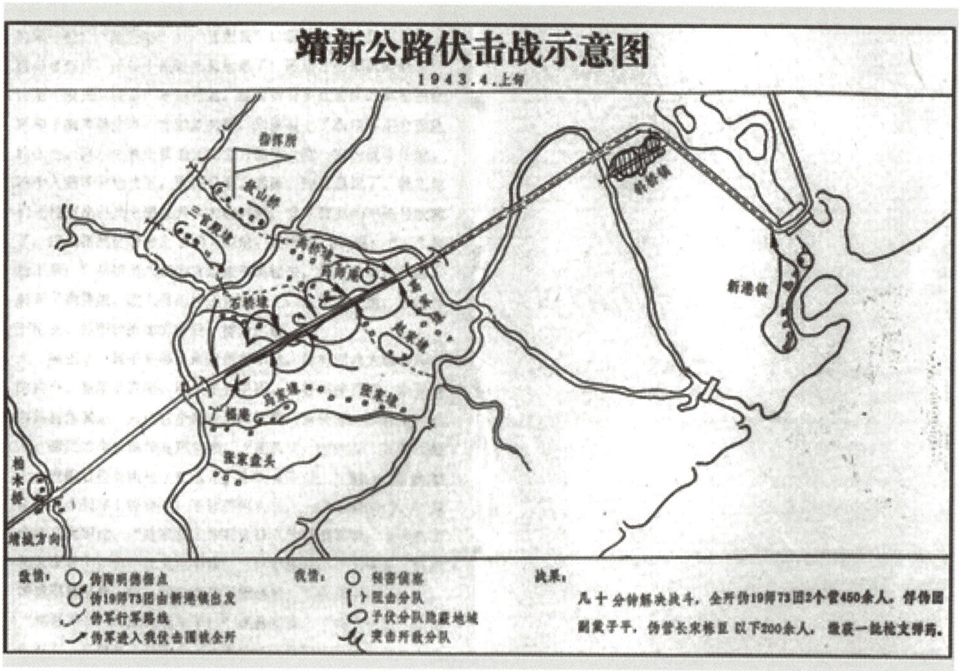

靖新公路伏击战示意图

叶飞题词

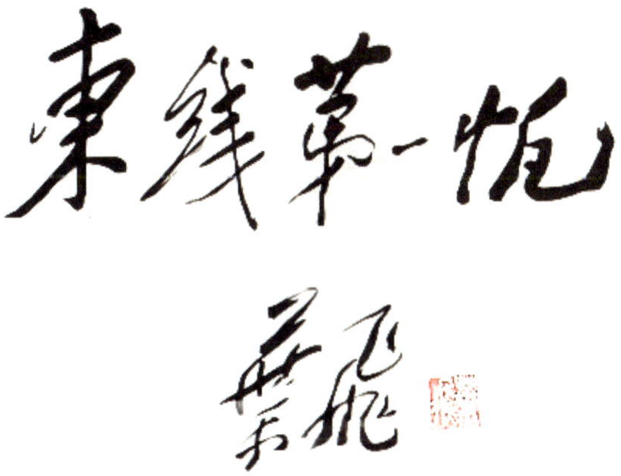

东线第一帆题词

作为渡江战役东线起点，20余万解放军战士从此飞渡长江，吹响了“打过长江去，解放全中国”的胜利号角，靖江也被誉为“东线第一帆”升起的地方。叶飞担任第三野战军第10兵团司令员，参加渡江战役，率领所部一举突破国民党军防御阵地，并争取江阴要塞国民党军起义，为我军顺利突破长江天险起到重要作用。

中华人民共和国成立后，叶飞先后担任福建省省长、中共福建省委第一书记等职。1975年1月，出任交通部部长；1979年2月，调海军工作，先后担任海军第一政委、海军司令员；1983年3月、1988年3月，先后当选为第六、七届全国人民代表大会常务委员会副委员长。从工作岗位退下来以后，叶飞担任中国人民解放军历史丛书《新四军》卷编审委员会主任，参与主持中国人民解放军历史丛书《南方三年游击战争》卷的编撰工作……

叶飞一直关心靖江的经济社会发展，为靖江留下了“发扬革命光荣传统”“开创四化建设大业”“建设社会主义新农村”“靖江人民是英雄的人民”等题词。1999年，更是满怀深情为靖江题写“东线第一帆”。2019年，渡江战役七十周年之际，靖江市委、市政府在当年渡江战役的旧址建起了“东线第一帆”纪念公园。

质胜于华，行胜于言。叶飞的回信以及给靖江的题词，是珍贵的历史文献，更是充满情感与力量的精神遗产。进入新时代，传承和弘扬“东线第一帆”精神，已经成为泰州人民勠力前行的不竭动力。

（范晓青）

东线第一帆纪念公园

史实很简单

张爱萍给泰县县委党史工委的回信

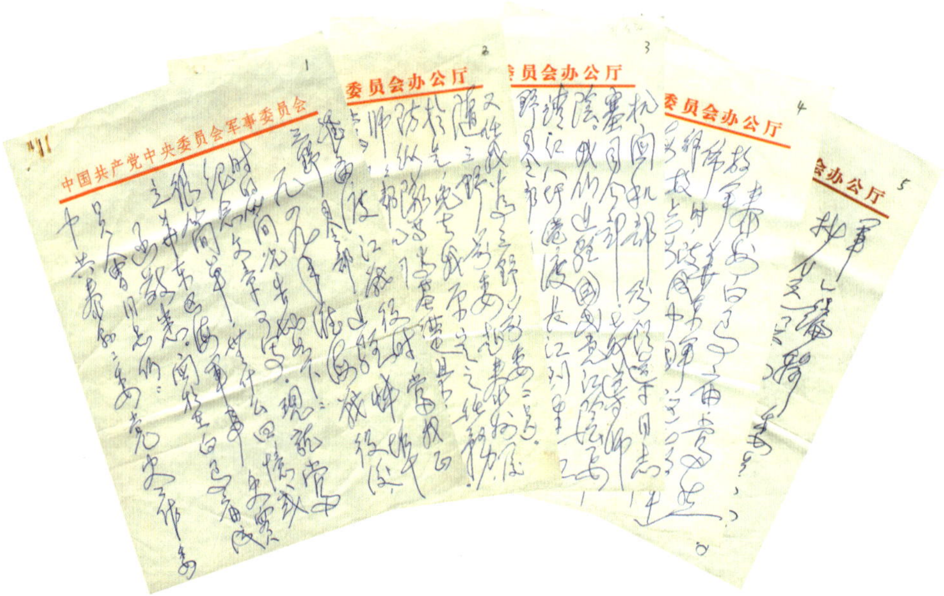

张爱萍给中共泰县县委党史工作委员会的回信

在泰州市姜堰区档案馆珍藏着一封信，这是1988年12月30日中央顾问委员会常委张爱萍给中共泰县县委党史工作委员会的回信。信中，张爱萍回顾了接受党中央重任，组建中国人民解放军海军第一支部队——华东军区海军的过程，并在信末写道：“泰州白马庙当然系中国人民解放军华东军区海军之诞生地。”

孙家圩临阵受命

1948年12月，毛泽东在西柏坡召集刘少奇、周恩来等讨论渡江战役问题时，提出组建人民海军事宜。1949年1月8日，中共中央政治局会议通过的决议《目前形势和党在1949年的任务》明确提出，1949年及1950年应当争取组建一支保卫沿海沿江的海军。3月5日，中共中央在西柏坡召开七届二中全会，毛泽东约见华东军区司令员兼第三野战军司令员陈毅等人，会谈筹建海军事宜。中央指示第三野战军前敌委员会尽快在渡江战役前后，把华东军区海军建起来，张爱萍被提议作为华东军区海军司令员的人选。

张爱萍，四川达县人，1925年参加革命，1928年加入中国共产党。自土地革命时期张爱萍就与苏北这块土地结下了不解之缘。1929年，他作为中央和江苏省委派到红十四军的干部，到（南）通、海（门）、如（皋）、泰（兴）地区帮助红军开展工作。红十四军成立后，张爱萍担任第二支队第二大队大队长，参加了攻打泰县迴垛、黄柯庄的战斗和老户庄战斗等，因负伤赴上海治疗。抗日战争时期，张爱萍先后担任中共江苏省委军委书记、八路军苏皖纵队政治委员、八路军第五纵队第三支队司令员、新四军第三师第九旅旅长、第三师副师长兼苏北军区副司令员、新四军第四师师长兼淮北军区司令员等职，在江苏大地坚持抗击日伪。1946年，张爱萍担任华中军区副司令员，后因头部负重伤赴苏联治疗，直到1949年初伤愈回国。

老户庄战斗场景

1949年3月25日，张爱萍到安徽蚌埠孙家圩渡江战役总前委参加渡江作战会议。期间，华东军区司令员兼第三野战军司令员陈毅向张爱萍传达中央军委关于成立人民海军的决定，指示由他执行组建任务。就这样，张爱萍临危受命，担负起筹建海军的历史重任。

白马庙历史选择

泰州地处长江中下游，靖泰县（今靖江市和泰兴市城黄线以南地区）向南突出，正处于江阴要塞对面，是长江较狭窄的地方。从泰州渡江南进，可近距离直插江南金坛、宜兴、吴江地区，切断沪宁铁路和宁杭公路，阻断南京、镇江之敌退往上海及杭州的道路。境域内多条河流直通长江，便于屯集、隐蔽船舶，入江便利。此外，泰州还是革命老区，党组织在该地区开展工作较早，抗日战争和解放战争时期群众积极支前，有很好的群众基础。苏北军区司令部、华中工委和苏北支前司令部等机关、指挥部都设在泰州城。因此，泰州成为渡江战役东线的集结点和进攻发起点。

王镜湖读书楼

国民党海防第二舰队司令林遵率部起义

白马庙位于泰州城东南约10公里，便于渡江支前工作的沟通联络和灵活调度。当地地主200多间瓦房便于部队驻扎，且地处偏僻，房屋掩隐在高大的树林中，不易被敌机发现，在此设立指挥部十分合适。1949年4月5日，粟裕率三野指挥部机关进驻白马庙，将渡江战役指挥部设在地主王镜湖的读书楼。

张爱萍到白马庙之时，渡江作战如箭在弦，粟裕等人把重心放在渡江作战上，海军组建的重担自然就落到张爱萍身上。海军是高技术军种，对人才、军舰等有较高要求，张爱萍认真做好调查、研究和策划等准备工作，并积极与粟裕研究商讨海军组建事宜。张爱萍制定了筹建海军的33字方针，即“在共产党领导下，以人民解放军陆军为基础，团结原海军人员，共同建设人民海军”。

4月21日，毛泽东主席、朱德总司令发出《向全国进军的命令》。当晚，百万大军在西至江西省湖口、东至江苏省江阴500公里的战线上，发动了规模空前的渡江战役。4月23日，南京解放。同日，国民党海防第二舰队司令林遵率部起义，游弋于镇江江面上的另一部也向解放军投诚，起义舰队亟待收编，人民海军组建迫在眉睫。

中共中央、中央军委没想到战事发展如此迅速，急电：“第三野战军立即组建海军，定名为中国人民解放军华东军区海军。”4月23日下午，张爱萍召集李进、黄胜天、张渭清、温礼芝、卢学均等13人，在读书楼二楼会议室召开会议。会上，张爱萍宣读总前委成立海军的决定，并郑重地说：“今天，是中国人民海军诞生的第一天，现在在座的13位同志，就是人民海军第一批报到的成员。”张爱萍进行具体工作部署：要立即行动，从速从快；要首先成立临时党委，部队边打边建；尽快吸收起义、投诚的国民党海军人员参加工作。当晚，张爱萍等人从靖江八圩港渡江南下，到达江阴。

4月28日，张爱萍在江阴要塞召开百余人干部大会，宣布成立华东区海军临时委员会，领导机关由司令部办公厅、政治部办公厅组成。5月4日，中央军委、总政治部发出电令，批复同意三野关于成立华东军区海军的意见和临时党委组成人选，任命张爱萍为华东军区海军司令员兼政治委员。

诞生地一锤定音

相当长一段时间里，中国人民解放军海军的成立时间没有得到明确。1988年，张爱萍给泰县党史工委的回信中，直接言明泰州白马庙当然系中国人民解放军华东军区海军之诞生地，并同时

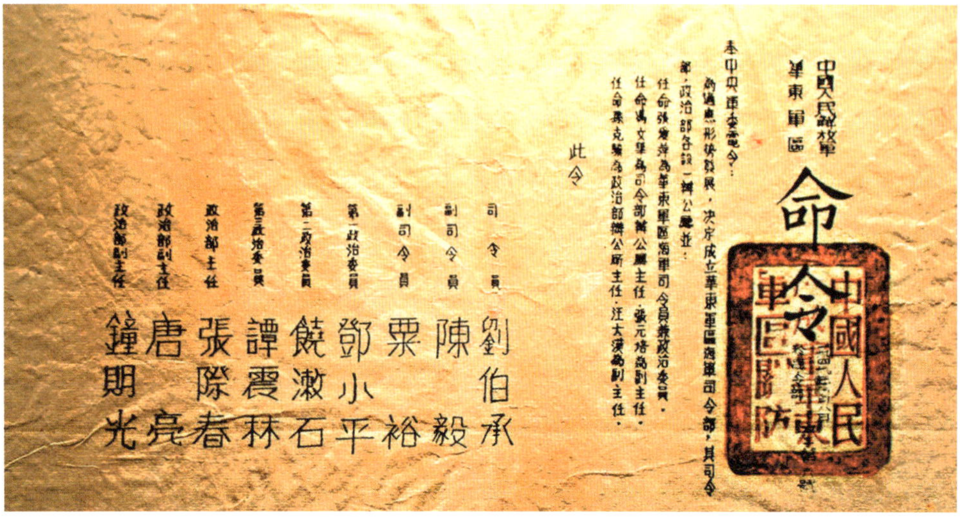
中國人民解放軍
華東軍區
命令
奉中央軍委電令：
為適應形勢發展，決定成立華東軍區海軍司令部，其司令部、政治部各設一辦公廳並：
任命張愛萍為華東軍區海軍司令員兼政治委員，
任命馮文華為司令部辦公廳主任，張元培為副主任，
任命孫克驥為政治部辦公廳主任，汪大漠為副主任，
此令
司令員 劉伯承
副司令員 陳毅
副司令員 粟裕
第一政治委員 鄧小平
第二政治委員 饒漱石
第三政治委員 譚震林
政治部主任 張際春
政治部副主任 唐亮
政治部副主任 鍾期光

张爱萍等任职命令

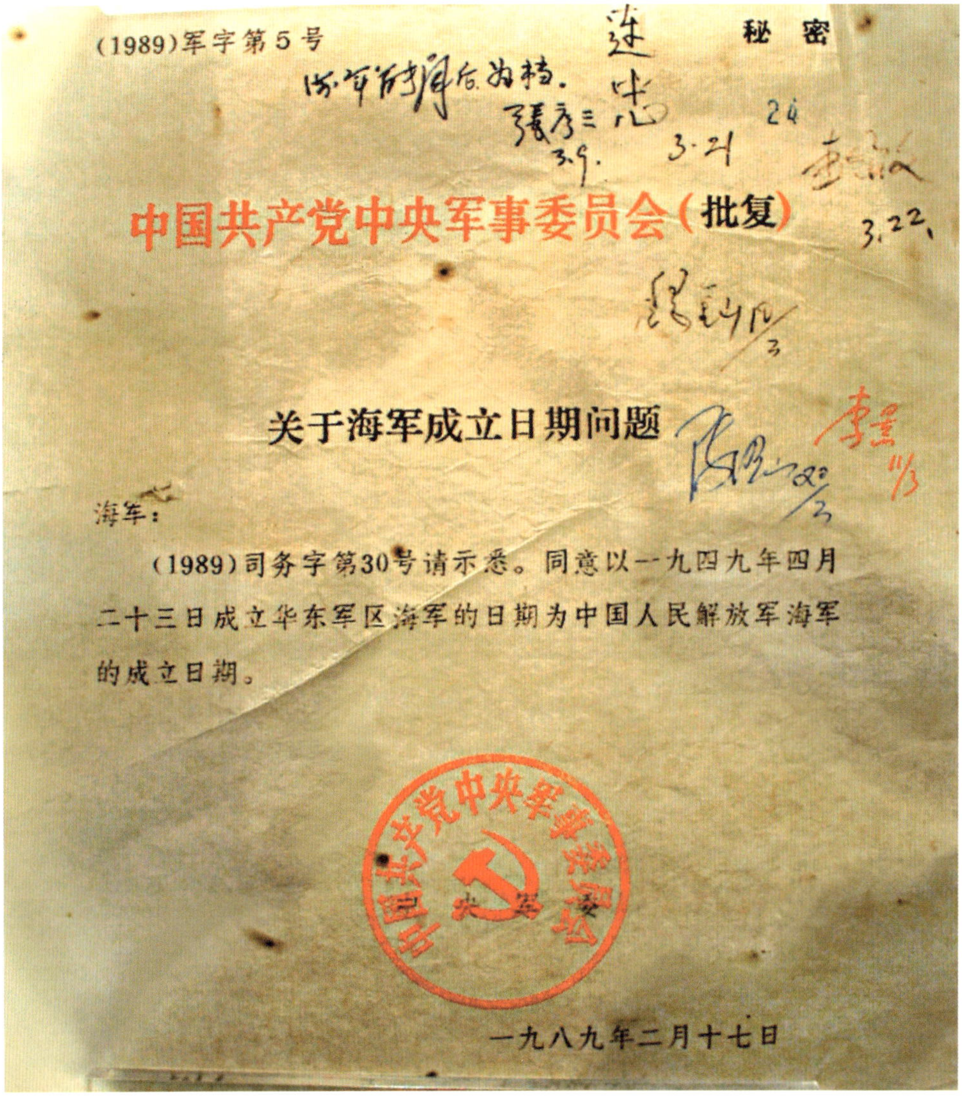

(1989)军字第5号　　　　　　　　秘密

中国共产党中央军事委员会(批复)

关于海军成立日期问题

海军：

(1989)司务字第30号请示悉。同意以一九四九年四月二十三日成立华东军区海军的日期为中国人民解放军海军的成立日期。

一九八九年二月十七日

中央军委关于海军成立日期问题的批复

抄送当代中国海军编辑委员会。1989年1月4日至11日，海军党委六届五次全会在北京召开，会上就海军成立时间提出疑问，并要求开展一次海军成立纪念活动。

1989年2月17日，中央军委《关于海军成立日期问题》的批复，同意以一九四九年四月二十三日成立华东军区海军的日期为中国人民解放军海军的成立日期。海军成立日期的确定，也就确定了泰州白马庙成为人民海军诞生地。从此，“海军诞生地”“水兵母亲城”成为泰州最光荣的印记和最闪亮的城市符号。

人民海军诞生地暨第三野战军渡江战役指挥部旧址

一场恢弘壮阔的渡江战役，中国人民解放军第一支海军部队——华东军区海军的诞生，让泰州白马庙这个名不见经传的小村庄被永远载入中国革命的史册，人民海军诞生于此是历史的选择，也是历史的必然。

（潘国琴）

起过不平常的重要作用

戴为然就黄逸峰病逝给泰县县委党史办负责人的信

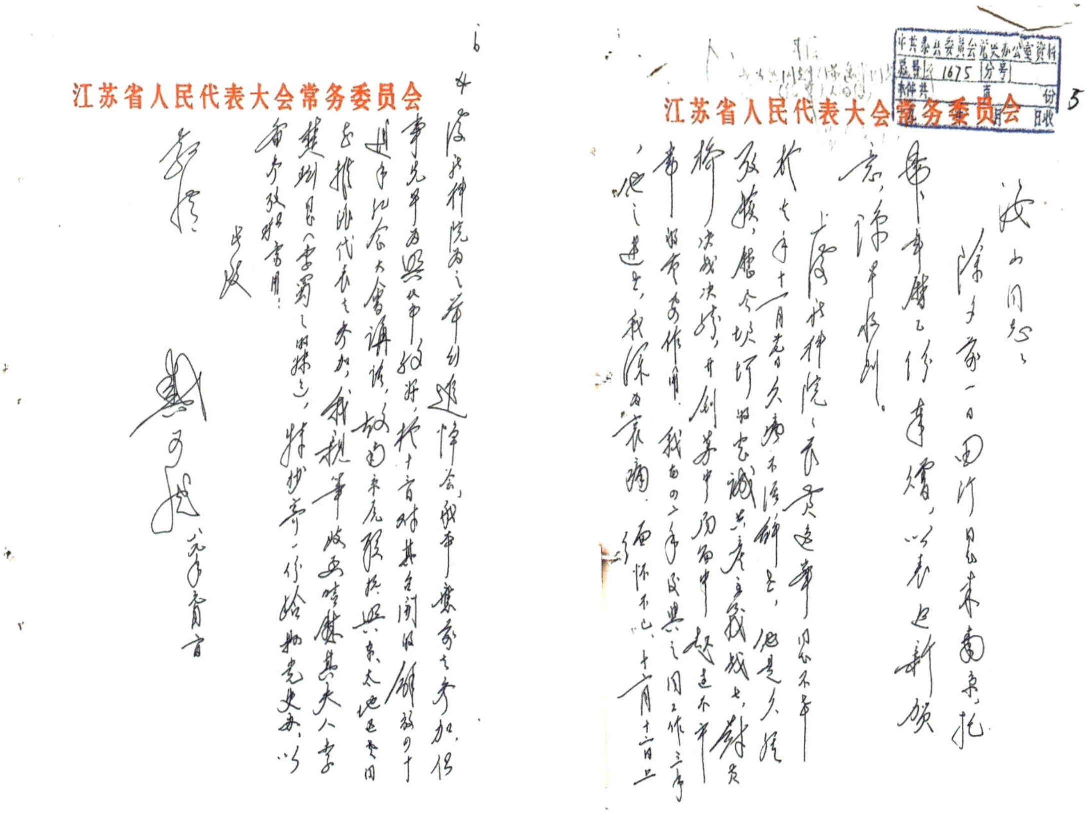
江苏省人民代表大会常务委员会

江苏省人民代表大会常务委员会

戴为然写给陈汝山的信

抗战时期，在苏中大地上出现一支特殊的抗日武装，这就是党领导下的“红色外围军”——“联抗”部队，司令员黄逸峰。1988年11月，黄逸峰因病逝世。1989年1月，江苏省人大常委会原副主任戴为然就此事写信给原泰县县委党史办主任陈汝山，赞誉黄逸峰“是久经考验、历经坎坷的忠诚共产主义战士，对黄桥决战决胜，开创苏中局面中起过不平常的重要作用”，还写到“我与之同工作三年，他之逝世，我深为哀痛，缅怀不已”。戴为然给黄逸峰夫人李楚珩致函吊唁，抄送泰县县委党史办，缅怀之情跃然纸上。

从书生到将军

黄逸峰，原名黄承镜，1906年出生于江苏东台，先后在东南大学附属中学初中部、上海复旦大学商学院读书。1925年，他参加“五卅”运动，8月加入共产主义青年团，10月加入中国共产党。1926年，黄逸峰受组织委派参加国民党，任国民党上海第一区党部常务委员会委员，同时担任中共上海闸北区委委员，负责宣传和武装工作。他参加上海工人三次武装起义，推动工人运动迅猛发展。

1927年4月12日，蒋介石发动反革命政变。黄逸峰积极营救出被国民党扣押的周恩来，受到中共中央总书记陈独秀的接见和赞扬。6月，黄逸峰担任中共南京地委书记。因叛徒出卖，1个月后不幸被捕，2个月后被保释。10月，任中共江苏省委农委外埠工作部秘书长。

1928年2月，黄逸峰任中共南通特委书记。他深入南通、如皋、泰县、泰兴、东台等地，传达中央八七会议和省委扩大会议精神，健全基层党组织，发展党员，发动和组织农民暴动。3月下旬，黄逸峰在东台被捕，1929年春被释放，后担任全国铁路总工会秘书长。

经组织同意，黄逸峰到南通中学任教。1930年，“左”倾冒险主义在党中央占据了统治地位，黄逸峰被扣上“政治动摇”的帽子，脱离党组织，流亡外国。他心怀一颗赤子之心，辗转至泰国曼谷，仍宣传革命思想，组织反抗当局对华侨的压制，为此先后3次被捕，后被迫到新加坡。

淞沪抗战爆发后，黄逸峰毅然选择回国。他进入京沪、沪杭甬铁路局机务训练班，毕业后任铁路局机务处干事，组织建立铁路青年社，创办《铁路青年》刊物，领导青年职工开展反贪污和抗日救亡活动。1936年冬，被国民党特务逮捕。出狱后到上海沪江大学、立信会计专科学校任教。期间，多方寻找党组织未果。

全面抗战爆发后，黄逸峰组建上海铁路界救亡协会，后加入中国共产党领导的上海职业界救亡协会。上海沦陷后，他辗转到江西、桂林等地，任广西大学会计学教授。1938年底，黄逸峰因提出敌后抗战计划深得李济深赞赏，被委任为国民党战地党政委员会少将设

黄逸峰

计委员。1939年夏，任国民党战地党政委员会鲁苏分会中将委员，到苏北开展敌后抗战工作。

开展党的统一战线工作

黄逸峰到达泰州后，团结国民党地方实力派李明扬参加抗日，帮助被韩德勤软禁在兴化的江苏省税警团总团长陈泰运逃脱，与苏中各界人士及地方开明士绅如韩国钧、陆小波、朱履先等进行广泛的联系，共商抗日大计，帮助新四军打开苏北局面。

1940年4月，黄逸峰以汇报工作为由，转赴重庆。在八路军驻重庆办事处，叶剑英指示他与陈毅单线联系，继续以国民党合法身份开展党的统战工作。回到泰州后，他按照陈毅指示与朱克靖联合调停，共同解决郭村保卫战遗留问题，李明扬保证在新四军与韩德勤的冲突中严守中立。9月27日，黄逸峰在姜堰主持召开了苏北八县军民代表会议，发表长篇演讲，号召团结争取各界人士，密切李明扬、李长江、陈泰运和新四军的联系，在政治上进一步孤立韩德勤。

黄桥决战期间，黄逸峰与朱克靖、季方等奉陈毅之命，到泰州做李明扬、李长江的工作，确保严守中立，为黄桥自卫反击战的胜利提供了可靠保证。

一支特殊的抗日武装

黄桥决战胜利后，新四军军威大振，在军事上基本控制了苏北。李明扬部、税警团陈泰运部和少数保安旅等对新四军心存疑虑，希望能在新四军与其驻地之间建立缓冲地带，进驻一支双方能够信任的部队。新四军为了巩固已取得的胜利，建立和扩大苏中抗日根据地，尽可能团结更多的群众到抗日队伍中来，也迫切需要一支外围军来争取国民党军队和地方士绅。

经陈毅批准，新四军与李明扬部、陈泰运部协商，1940年10月10日，鲁苏皖边区游击总指挥部直属纵队、鲁苏战区苏北游击指挥部第三纵队联合抗日司令部（简称“联抗”）在泰县曲塘镇成立，黄逸峰任司令员，李明扬、陈泰运、新四军各派出1个连作为部队基础。黄逸峰以“联抗”司令员这一特殊身份，以及在国民党中的影响，继续开展统战工作。

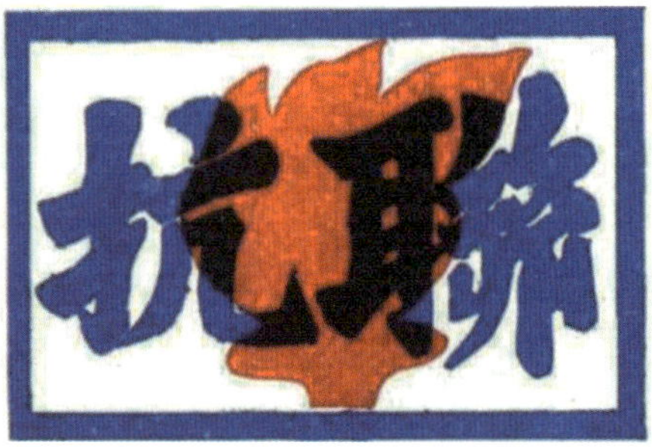

“联抗”臂章

“联抗”建立后，首要任务是筹备。黄逸峰奔走于各派政治力量之间，1940年10月底以东道主身份在曲塘主持召开苏北抗敌和平会议（史称“曲塘和会”），通过苏北各部队联合抗日的通电，进一步巩固了新四军在苏北的抗战领导地位。11月15日，苏北临时参政会召开，黄逸峰当选为苏北临时参政会

“联抗”部队成立纪念地

苏北临时参政会参政员出席证

议长。

“联抗”部队的建立，是当时苏北错综复杂斗争形势的需要，是中国共产党统一战线在军事斗争方面的具体体现。黄逸峰带领这支部队成为新四军和国民党部队合作的桥梁，活跃在泰县、兴化、东台、海安地区，为苏中抗战作出重要贡献。

加强党的绝对领导

“联抗”部队成立前，中共中央、中央军委致电刘少奇、陈毅，将这支部队定性为苏中地区“一支八路军与新四军的外围军”。“联抗”司令员黄逸峰的公开身份是国民政府军委会战地党政委员会委员、国民党中将，但他一贯坚持抗战，与新四军关系十分紧密，副司令李俊民、政治部主任张孤梅都是共产党人。

“联抗”成立之初，采取多方共创的建军模式，共编为4个大队分别驻防于胡家集、曲塘、白米、小白米一线。部队构成较为复杂，实行旧军队的军衔制和薪饷制，官兵的政治觉悟较弱。为加强并保证党的绝对领导，形成强有力的战斗力，陈毅指示，“以新四军的标准改造部队”，“联抗”部队逐步被改造成工人、农民和爱国人士组成的抗日武装。

1941年3月，黄逸峰应召赴盐城新四军军部汇报工作，受到刘少奇、陈毅接见，并由陈毅、朱克靖介绍，批准加入中国共产党。7月，“联抗”部队赴新四军军部整训，提升了部队军政素质。9月，“联抗”部队党委成立，黄逸峰任党委书记。司政机关和各个连队都建立党支部，建立经常性的党课制度。通过党的组织生活，开展批评与自我批评，严肃部队纪律，部队战斗力不断增强。至1942年冬，中共党员已占部队总人数的35%，主力连队的党员达到总人数的40%至45%，每个排都配备政治战士，每周进行政治教育和文化教育。

在党的领导下，“联抗”这支外围军在抗日烽火中逐步成长起来，从一支联合抗日的武装成长为党的抗日武装，成为新四军的组成部分。

高扬团结抗战旗帜

“联抗”部队自创立起，高扬团结抗战旗帜，在抗日烽火中逐步成长起

“联抗”部队去盐城军部整训途中

来，为苏中抗战和民主根据地建设作出重要贡献。

1941年2月13日，李长江率部在泰州城公开投敌，李明扬率千人离开泰州，在泰州以北唐家甸一带活动。2月18日，陈毅、刘少奇颁布《讨伐李逆长江命令》，黄逸峰、周至堃率“联抗”部队参加讨李战役，初战胜利。遵照陈毅指示，黄逸峰经常给李明扬赠送钱粮、枪支，帮助解决困境。

1941年11月，苏中区党委将“联抗”部队活动地区划为中共兴（化）东（台）泰（县）特区。1942年12月，改建为中共兴东泰地委，实行党政军一元化领导，黄逸峰任地委书记，戴为然任副书记。

1943年，华中日军将“扫荡”“清乡”的重点转移到苏中。为适应斗争需要，“联抗”实行精兵简政，部队整编为数个连队，由司令部直接指挥，机动灵活打击敌伪。“联抗”部队先后开展巧夺墩头镇、强攻章郭庄等数十次战斗，其中与日伪军作战20多次，俘敌1000多名。

4月，日伪军对兴东泰地区进行大“扫荡”，驻守该地的税警团陈泰运部不战而逃。黄逸峰一直将陈泰运税警团作为联合抗战的积极争取对象，掩护陈部2个支队进行转移，1个月后陈部返回原防地。4月，日伪军再次“扫荡”，陈泰运部濒临覆灭，“联抗”资助10万元，并掩护部队转移到东台三仓，后返回防地。陈泰运对此不但不表示感谢，反而推行反共、反“联抗”政策，唆使3000余人投降日军。税警团勾结日伪，不断派兵骚扰“联抗”驻地，残酷杀害民兵和干部，1943年至1944年一年中，出动百人以上的侵扰达50多次，百人以下的侵扰则是家常便饭，摩擦日益加剧。

1944年9月，新四军集中苏中各分区主力，在“联抗”配合下发起了讨伐陈泰运税警团的战斗。经多日激战，税警团大部被歼灭，残部在如皋和泰州的日军接应下逃走。此役收复顽伪据点十余处，使苏中各分区连成一片。至此，

新四军联抗烈士纪念碑

联抗烈士陵园

“联抗”驻地周围的国民党军仅剩下李明扬部少数人，“联抗”作为缓冲力量和外围军的历史任务已经完成。10月10日，中共苏中区委撤销“联抗”部队番号，编入新四军建制，黄逸峰调任苏中第一军分区司令员兼苏中区委委员。

1946年初，黄逸峰奉命担任国共北平军事调处执行部中共代表团交通处处长。1947年初，远赴东北，先后担任东北铁路局副局长兼铁路学院院长、东北野战军铁道纵队司令员兼党委书记。新中国成立后，任华东军政委员会交通部部长兼党组书记，筹建华东交通专科学校兼任校长。因压制批评、打击报复，于1953年1月被开除党籍。1956年，毛泽东在《论十大关系》中提及黄逸峰的问题，表示对于犯错误的同志，“允许他们继续革命”。12月，黄逸峰被批准重新入党。“文化大革命”时期，他受到迫害，被开除出党。1978年11月，黄逸峰担任上海社科院院长兼党委副书记，潜心投入中国近现代经济史的研究。1987年5月27日，中共中央组织部作出批复，同意黄逸峰党龄从1925年

10月起连续计算，参加革命工作时间从1925年8月参加共青团算起。

从书生到将军，再到学者，黄逸峰三次入党，矢志不渝；七次被捕，壮心不已；老骥伏枥，终身不息。他的一生是追求信仰、追求真理的一生，虽历经坎坷，但初心不改，并在苦难和困境中磨砺提高，成就自我。信中，作为生前战友的戴为然称黄逸峰“是久经考验、历经坎坷的忠诚共产主义战士”，定位准确、评价中肯。2007年5月，戴为然牵头倡议，在海安新四军联抗烈士陵园内修建逸峰阁，以慰苏中人民对黄逸峰同志的怀念之情。

（潘国琴）

我的爱国主义启蒙老师

沈安娜给刘伯厚之子刘维南的信

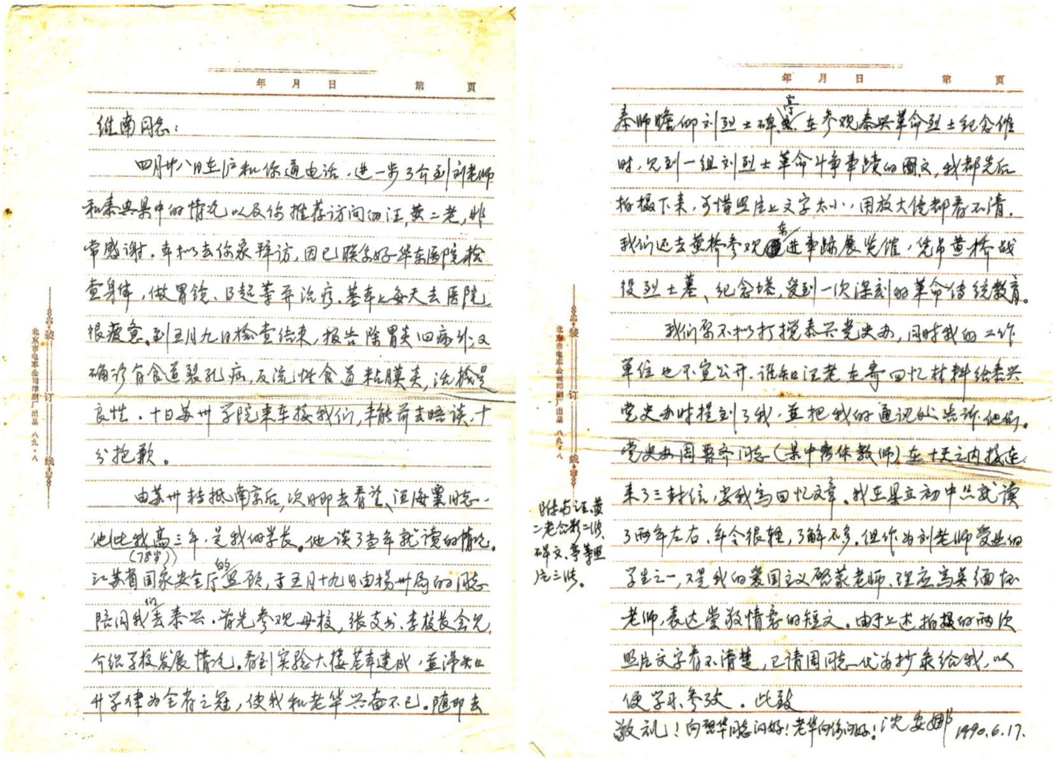

维南同志：

四月廿八日在沪和你通电话，进一步了解到刘老师和泰兴县中的情况以及你推荐访问的汪、黄二老，非常感谢。本拟去你家拜访，因已联系好华东医院检查身体，做胃镜，已起着开始治疗，基本上每天去医院很疲惫。到五月九日检查结束，报告除胃炎旧病外，又确诊有食道裂孔疝，反流性食道粘膜炎，活检是良性。十日苏州学院来车接我们，未能前去晤谈，十分抱歉。

由苏州转抵南京后，次日即去看望汪海粟同志——他比我高三年（78岁），是我的学长。他谈了当年就读的情况。江苏省国家安全厅的黄预，于五月十九日由扬州局的同志陪同我们去泰兴。首先参观母校，张支书、李校长介绍了学校发展情况。看到实验大楼基本建成，並谛知升学律为全省之冠，使我和老华兴奋不已。随即去泰师瞻仰刘烈士碑亭，在参观泰兴革命烈士纪念馆时，见到一组刘烈士革命斗争事迹的图文，我都先后拍摄下来，可惜照片上文字太小，用放大镜都看不清。我们还去黄桥参观新四军东进事迹展览馆，凭吊黄桥战役烈士墓、纪念塔，受到一次深刻的革命传统教育。

我们实不拟打搅泰兴党史办，同时我的工作单位也不宜公开。谁知汪老在寄回忆材料给泰兴党史办时提到了我，并把我的通讯处告诉他们。党史办周鹏同志（县中离休教师）在十天之内接连来了三封信，要我写回忆文章。我在县立初中只就读了两年左右，年令很轻，了解不多。但作为刘老师受业的学生之一，又是我的爱国主义启蒙老师，理应写篇缅怀老师，表达崇敬情意的短文。由于上述拍摄的两张照片文字看不清楚，已请周同志代为抄录给我，以便学习参考。此致

敬礼！向望华同志问好！老华向你问好！沈安娜 1990.6.17.

附去汪、黄二老合影二张、碑文、亭等照片三张。

1990年6月17日，沈安娜给刘伯厚之子刘维南的信

“维南同志：四月二十八日在沪和你通电话，进一步了解到刘老师和泰兴县中的情况以及你推荐访问的汪、黄二老，非常感谢……”这是一封沈安娜1990年写给刘伯厚烈士之子刘维南的信件，现珍藏于泰兴市档案馆。信件讲述了沈安娜回到泰兴参观时的经历，并对因身体原因没法看望刘维南，表达了歉意。在信中，沈安娜还表达了对她的爱国主义启蒙老师刘伯厚的缅怀和崇敬之情，并打算写一篇文章怀念恩师。

恩师指引

“我在县立初中只就读了两年左右，年龄很轻，了解不多。但作为刘老师受（授）业的学生之一，又是我的爱国主义启蒙老师，理应写点缅怀老师，表达崇敬情意的短文……”

1915年，沈安娜出生于江苏泰兴县城的一个书香门第。她天资聪慧且勤奋好学，从小便在父亲的教育下诵读古典诗文、练习书法，能用毛笔写一手漂亮的楷书和行书。1931年，沈安娜在泰兴县立初级中学就读，遇到了影响她一生的恩师刘伯厚。

刘伯厚（1886—1946），江苏泰兴人，1906年考取通州民立师范学校，1907年考入两江师范学堂。1910年毕业后，他先后在涟水师范、海门锡类中学、镇江师范、南京三条巷小学、泰兴县中等近20所学校任教，从事教育工作30多年，是知名的教育家。1941年8月，刘伯厚受党的委托创办泰兴乡村师范学校，坚持学以致用的教学方针，为党和革命事业培养了大批人才。

刘伯厚

刘伯厚受辛亥革命、五四运动影响，赞扬民主，追求进步，积极参加反帝反封建斗争。执教中，他提倡学生关心时事，关注国家大事。1928年，“济南惨案”发生后，他带领学生上街游行，宣传抗日。1931年九一八事变爆发后，他和学生们同仇敌忾，向城乡人民宣传抗日救国，抵制日货，并起草宣言，动员群众捐钱捐衣，支援东北抗日义勇军。

有一次，沈安娜在班上向同学们宣传抗日，当讲到东北同胞沦为任人宰割的亡国奴时，她情不自禁热泪盈眶，泣不成声。同学们先是默默流泪，接着便哭成一团。有的一面哭，一面悲愤地高声呼喊：“我们不做亡国奴！我们不做亡国奴！”这时，忽然有人拍案而起，大声道：同学们，不要哭，哭有什么用？要行动！同学们这才注意到，刘伯厚老师不知何时来到了教室，坐在最后一排。

刘伯厚老师对大家说：同学们，你们的爱国热情是好的，作为一个热血青年，怎能对政府的不抵抗行径不闻不问？我们要行动起来，唤起民众，要求政府坚决抗日，收复国土，拯救东北同胞！在风起云涌的抗日浪潮下，刘伯厚的一言一行为学生们播撒下革命的种子，爱国主义情怀在沈安娜心中油然而生。

革命之路

1932年，17岁的沈安娜和姐姐沈珉赴上海求学，并考入一所由爱国华侨创办的职业学校——南洋商业高级中学。其间，她结识了中共中央特科情报员、后来成为她姐夫的舒日信以及后来成为她丈夫的华明之。通过与他们的交往，沈安娜深刻认识到，必须通过革命才能改变中国半殖民地半封建的社会现状，想要改变就必须依靠中国共产党的领导。

1934年，沈安娜考入上海炳勋中文速记学校。经过刻苦学习，她很快就学有所成。1935年1月，在党中央特科的安排下，沈安娜进入国民党浙江省政府秘书处议事科任速记员，开始长达14年的情报生涯。

凭着一手漂亮的毛笔字和每分钟200字的记录速度，沈安娜迅速站稳脚跟，得到当时浙江省政府主席朱家骅的信任，为党组织搜集了很多重要情报。1938年5月，沈安娜以国民党特别党员身份进入国民党核心机关——中央党部机要处任速记员。由于为人正派，业务娴熟，机要处对沈安娜十分信任和器重，她经常在国民党中央常务委员会、国防最高委员会、中央训练团以及国民政府军事委员会的高层会议上担任速记工作。

1939年，沈安娜经中共中央南方局领导卢竞如介绍，博古同意，秘密加入中国共产党。为了提高效率、防止被破译，沈安娜发明了一套速记符号。靠着

沈安娜使用的中文速记

自己独创的速记符号，她可以在一晚上整理出两份白天的会议记录，一份上交给国民党，一份通过地下工作者传回我党。

1946年3月，蒋介石召开最高军事会议，策划在半年内击溃八路军、新四军主力，会上还确定了军事部署和兵力调配。这些我党最需要的预警性战略部署情报，都被沈安娜用速记符号仔细地记录了下来，并迅速送到延安中共最高决策层。周恩来对于这一时期的重要情报，给予了“迅速、准确”四字口头嘉奖。

1949年新中国成立前夕，沈安娜得到撤退的指令，彻底结束了自己14年的卧底工作，回到党的怀抱。沈安娜长期从事地下情报工作，为革命事业贡献了巨大的力量。1949年获中共中央集体通令嘉奖，1986年，萧克上将挥笔题写五言诗《无形战线——红岩村抒怀》，赞誉沈安娜的功劳和品节。1989年，沈安娜获国家安全部为长期坚持在隐蔽战线作出贡献的无名英雄颁发的荣誉奖章及荣誉证书。

1948年4月4日，国民党召开六届中央委员会临时全体会议（主席台右二沈安娜）

情系桑梓

沈安娜晚年虽然身体欠佳，但是一直记挂着恩师和母校的情况，对恩师的家人也颇多关注。1990年5月19日，沈安娜携丈夫华明之回到母校泰兴中学参观，了解学校最新发展情况。沈安娜在信中写道："看到实验大楼基本建成，并得知升学率居全省之冠，使我和老华兴奋不已。"在刘伯厚烈士纪念碑亭前，沈安娜说："多年来，泰兴中学培养了大批人才，分布在祖国各地从事革命和建设工作，这和刘伯厚老师从1925年开始就传播革命种子是分不开的。我对母校历年来辛勤耕耘的园丁们由衷地敬佩，我永远怀念我的爱国主义启蒙老师刘伯厚烈士，刘老师的高尚品德、谆谆教导，永远铭刻在我的心上。"

沈安娜热爱家乡，感恩在泰兴读书的那段时光，认为自己之所以能参加革命，受益于在县立泰兴初中接受的反帝反封建教育。她铭记刘伯厚老师的教诲，1990年亲笔写了《怀念爱国主义启蒙老师刘伯厚烈士》一文，倾诉师生情谊，文中写道："我之所以能够在当时上海白色恐怖下参加革命，其主要原因是由于在泰兴中学接受爱国主义教育，打下了反帝反封建的思想基础。我一直认为刘伯厚老师是我爱国主义的启蒙

1990年5月19日，沈安娜在刘伯厚烈士纪念碑亭前的留影

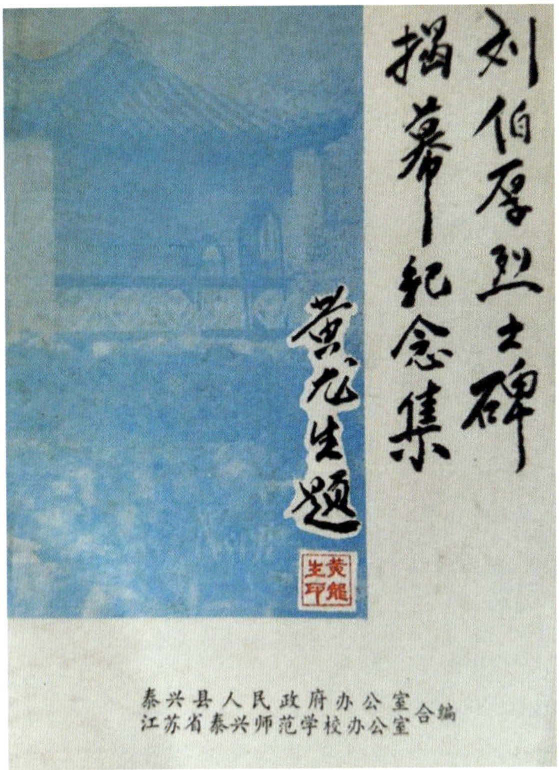

《刘伯厚烈士碑揭幕纪念集》

老师。”此文被收入《刘伯厚烈士碑揭幕纪念集》。

2010年6月16日，沈安娜辞世。逝世前，她嘱咐女儿华克放，将自己省吃俭用积蓄的10万元捐赠给母校江苏省泰兴中学，设立奖学金，激励泰中学子继承革命传统，刻苦学习，努力成才，报效国家。

沈安娜不忘家乡，家乡人民也深深怀念她。2017年10月，沈安娜生平事迹陈列馆建成，展馆位于泰兴市文化艺术中心6楼，占地800平方米，以沈安娜“丹心素裹、智闯虎穴”的真实故事为主线，以党的隐蔽战线斗争史为副线，以“玫瑰”为喻，采取抽象与写实相结合的表现手法，向观众展示沈安娜从“萌芽”“育蕾”“盛放”“傲立”到“流芳”的传奇历程，讲述沈安娜潜伏敌营14年历尽艰辛、与敌人斗智斗勇搜集秘密情报的英雄事迹以及情系桑梓、关心家乡发展的感人情怀。

沈安娜在革命道路上勇往直前，为党和人民做出了重要的贡献。作为沈安娜的“爱国主义启蒙老师”，刘伯厚不仅为沈安娜提供了知识的滋养，更重要的是点燃了她心中爱国的火焰，引领她走上了革命的道路。沈安娜的这封亲笔信，不仅见证了她与刘伯厚之间的师生情谊，更是她革命情怀和感恩之心的生动体现。

（金　凤）

最后一次党费

朱汲的遗愿信

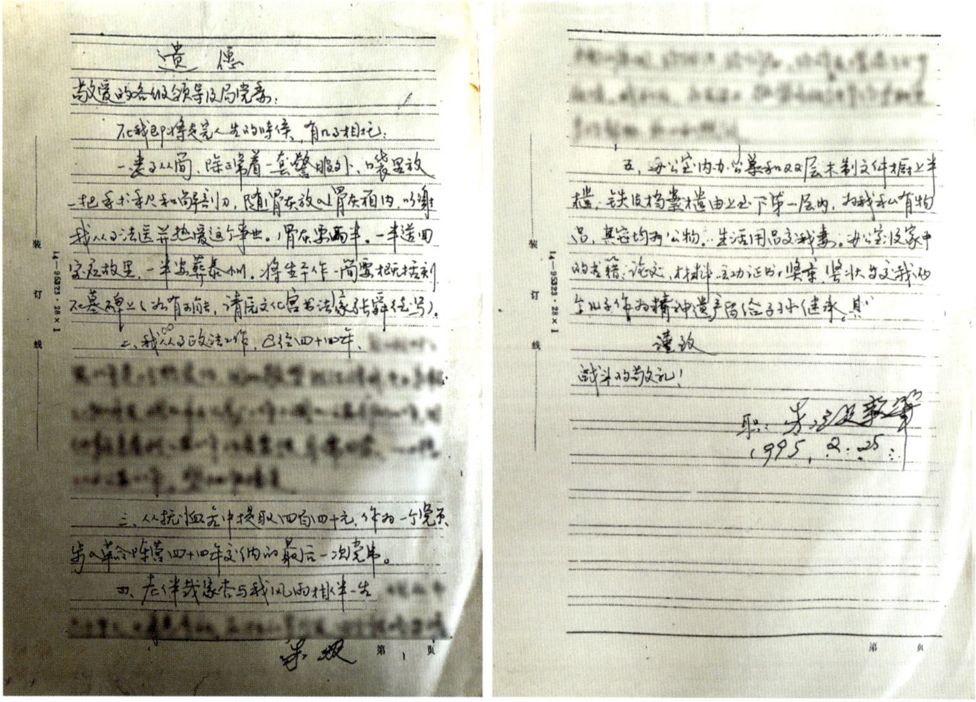

遗愿

敬爱的各级领导及局党委：

在我即将走完人生的时候，有几点相托：

一、走了以后，除穿着一套警服外，口袋里放一把手术剪和解剖刀，随骨灰放入骨灰箱内，以示我从事法医并热爱这个事业。骨灰要两半，一半送回家乡故里，一半安葬泰州。将生平作一简要概括刻在墓碑上（如有可能，请文化宫书法家张舜佐写）。

二、我从事政法工作，已经四十四年，[illegible]

三、从抚恤金中提取四百四十元，作为一个党员为党的革命事业四十四年交纳的最后一次党费。

四、老伴我家老与我风雨相伴一生 [illegible]

朱汲　第1页

[illegible]

五、办公室内办公桌和双层木制文件柜上半橱、铁皮档案橱由上至下第一层内，为我私有物品，其余均为公物。生活用品交我妻。办公室及家中的书籍、论文、材料、立功证书、奖章、奖状等交我的学生，作为精神遗产留给子孙继承。

谨致

战斗的敬礼！

职：朱汲及家属

1995．2．25

第　页

朱汲的遗愿信

这是一封写于临终前的信件，写信人是全国公安“一级英模”朱汲。朱汲，江苏宝应人，中共党员，原县级泰州市公安局副主任法医师，历任民警、副队长、副局级侦察员等职。1981年罹患鼻咽癌后，仍以顽强毅力与病魔抗争，坚守刑侦第一线，为打击刑事犯罪，维护社会治安稳定，保护人民利益作出了突出贡献。

1995年2月25日，市人民医院十病区老干部病房，病重的朱汲致信泰州市各级领导及公安局党委，立下遗愿。是时，他已十分虚弱，只能以微弱的笔触替代言语，日夜陪伴左右的次子朱津宝凭着父子间的灵犀与默契，助其誊写了全文，朱汲确认并用颤抖的右手签名定稿。信件辑录如下：

遗　愿

敬爱的各级领导及局党委：

在我即将走完人生的时候，有几事相托：

丧事从简，除正常着一套警服外，口袋里放一把手术尺和解剖刀，随骨灰放入骨灰箱内，以谢我从事法医并热爱这个事业。……

二、……

三、从抚恤金中提取四百四十元，作为一个党员步入革命阵营四十四年交纳的最后一次党费。

四、……

五、办公室内办公桌和双层木制文件橱上半柜，铁皮档案柜由上至下第一层内，为我私有物品，其他均为公物。生活用品交我妻。办公室及家中的书籍、论文材料、立功证书、奖章、奖状等交我两个儿子作为精神遗产留给子孙继承。

谨致

战斗的敬礼！

职：朱汲亲笔

1995年2月25日

这封遗愿一直珍藏于朱津宝家中，伴随他走过了近30年风雨，他也如遗愿所述，将信件及“书籍、论文材料、立功证书、奖章、奖状等”作为精神遗产继承。如今，信件早已泛黄变脆，但其流畅的文字及字里行间饱含的情感，依然

朱汲

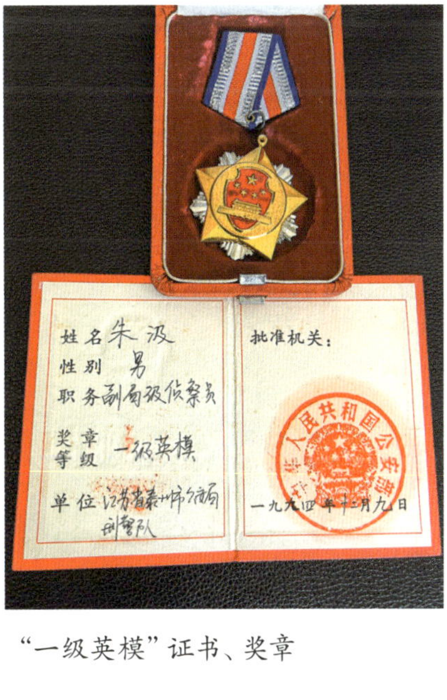

“一级英模”证书、奖章

让人感受到一位共产党员、一位公安人的职责与担当。“职：朱汲亲笔”的五字落款略显凌乱，也由此反映出朱汲当时的身体状态。

1934年11月，朱汲出生于江苏省宝应县一个中医世家。朱家祖辈悬壶济世，医道精诚，尤善骨科，在宝应及周围县乡颇有名气。朱汲耳濡目染，自幼对医学产生浓厚兴趣，少时便跟随祖父学习医术，时常帮其抄誊药方。1951年8月，朱汲参军入伍，被分配到泰州军分区后勤干训队卫生队担任卫生员，次年6月退伍后，相继在泰州盐业公司、商业局、人民法院工作。

1959年，朱汲进入泰州市公安局从事刑侦法医工作。他始终坚守侦查破案第一线，圆满完成各项刑侦鉴定任务。高强度、不分昼夜的工作，长时间与腐尸、高浓度福尔玛林、剧毒药物等密切接触，加之为能迅速、精准地给出鉴定结果，他在鉴定过程中从不戴口罩，因此身体一次次拉响警报。

1981年4月的一次尸检过程中，朱汲感到体力不支，近乎虚脱。此后，身体也发生变化，脸部肿胀、颈部鼓起两个肿块、连续多日高烧不退，抗生素、激素、中草药、针灸轮番使用，终无效果。但他却不舍手头工作，隐瞒病情，带领团队协助5市县公安机关及时侦破6起重大疑难案件，并坚持办完泰州市3起杀、伤案。直至10月，才在大家的劝说下入院检查，即被确诊为鼻咽癌中晚期。

放疗和手术严重影响了他的咀嚼、吞咽、听力和语言功能，给生活和工作带来难以想象的困难，而他坦然面对。失去了听力（左耳全聋，右耳只能听见80分贝以上的声音）和语言功能，他便以笔代口，用手势和纸笔与人交流；没有了嗅觉，他便用口舌

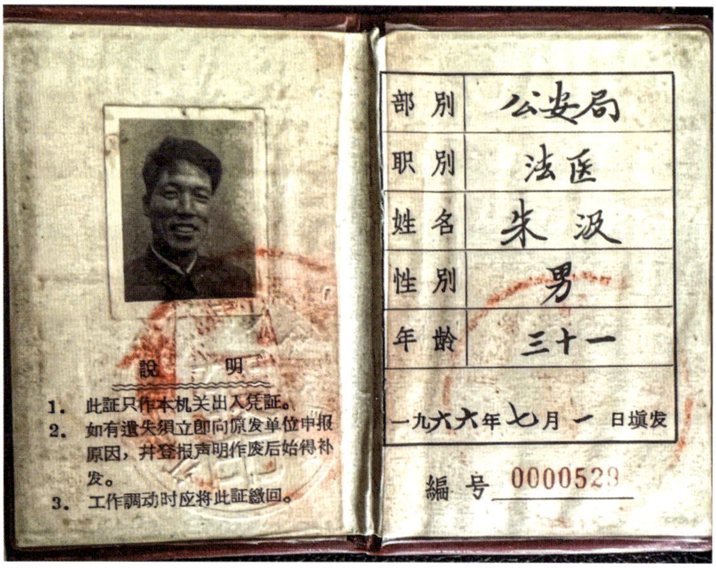

法医工作证

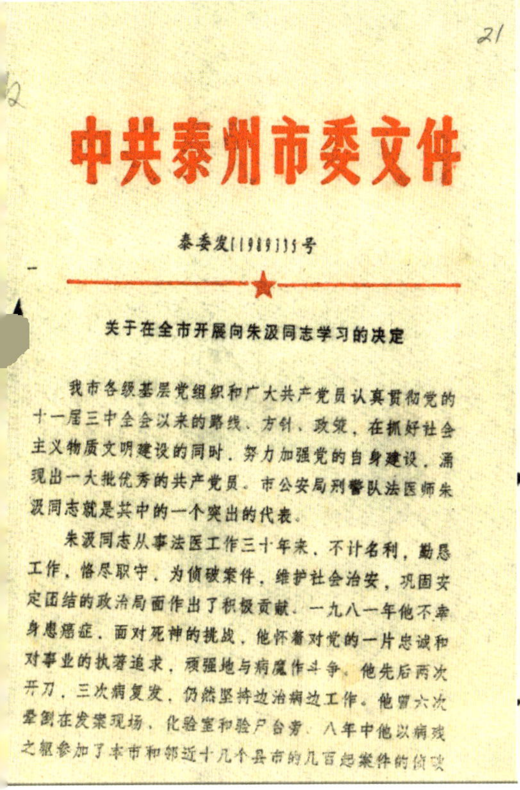

中共泰州市委文件

泰委发[1989]35号

关于在全市开展向朱汲同志学习的决定

我市各级基层党组织和广大共产党员认真贯彻党的十一届三中全会以来的路线、方针、政策，在抓好社会主义物质文明建设的同时，努力加强党的自身建设，涌现出一大批优秀的共产党员。市公安局刑警队法医师朱汲同志就是其中的一个突出的代表。

朱汲同志从事法医工作三十年来，不计名利，勤恳工作，恪尽职守，为侦破案件，维护社会治安，巩固安定团结的政治局面作出了积极贡献。一九八一年他不幸身患癌症，面对死神的挑战，他怀着对党的一片忠诚和对事业的执著追求，顽强地与病魔作斗争。他先后两次开刀，三次病复发，仍然坚持边治病边工作。他曾六次晕倒在发案现场、化验室和验尸台旁。八年中他以病残之躯参加了本市和邻近十几个县市的几百起案件的侦破

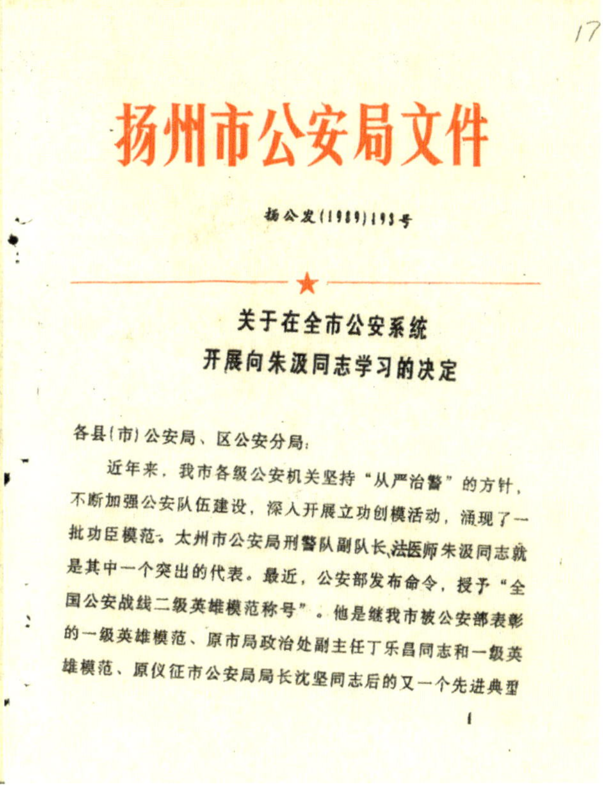

扬州市公安局文件

扬公发(1989)193号

关于在全市公安系统
开展向朱汲同志学习的决定

各县(市)公安局、区公安分局：

近年来，我市各级公安机关坚持“从严治警”的方针，不断加强公安队伍建设，深入开展立功创模活动，涌现了一批功臣模范。太州市公安局刑警队副队长、法医师朱汲同志就是其中一个突出的代表。最近，公安部发布命令，授予“全国公安战线二级英雄模范称号”。他是继我市被公安部表彰的一级英雄模范、原市局政治处副主任丁乐昌同志和一级英雄模范、原仪征市公安局局长沈坚同志后的又一个先进典型

1

中共泰州市委、扬州市公安局关于开展向朱汲同志学习的决定

舔尝尸体，利用仅存的味觉作出判断。他以惊人的毅力与病魔抗争，参与全省多起重要案件和泰州市内所有重大案件的侦破，并为邻市县同行解决若干技术难题。其间病情恶化，数次晕倒工作现场，被送入医院，出院后依然忘我工作。

1989年8月，朱汲被公安部授予全国公安战线“二级英雄模范”称号。不久，扬州市、泰州市两级公安局及泰州市委、市政府决定开展“向朱汲同志学习”活动。朱汲在授奖仪式上发表获奖感言：“在荣誉面前，经常想到自己的不足，在成绩面前，时刻看到自己的缺陷，特别是在法医技术工作上，决不自以为是，虚心听取多方面的意见，与其他同志一道，刻苦学习，运用新技术、新方法为现实斗争服务，进行新的研究和探索，为推进我国法医事业尽职尽责……时间对我来说显得更加宝贵了，只有在这有限的时间里抓紧学习，多做些工作，把几十年来积累的浅薄知识得诸社会，还诸社会，在生命轨迹中一步一个脚印，一动一个痕迹，才是我向党，向人民，向领导和同志们做出的应有的报答。”

让有限生命创造无限价值

——记二级英模、泰州市公安局法医师朱汲

本报记者 黄明

江苏省泰州市优秀共产党员、市公安局法医师朱汲自1981年患鼻咽癌后，在病情不断恶化，失去听说功能，靠吃流食维持生命的情况下，仍以顽强的意志坚持工作在刑侦第一线，共参加侦破本市和邻近十几个县市的近400起刑事案件，做出法医技术鉴定书370多份，撰写法医学术论文34篇。最近公安部授予他全国公安战线二级英模称号。

朱汲是1956年从事法医工作的。他不仅是泰州市公安系统的“老先进”，也是周围许多县市公安机关中唯一的法医师。1981年，他发现自己已患重疾，可是为了帮助周围县市公安机关侦破一批凶杀案件，他隐瞒病情，带病出征4个多月，协助5个县市公安机关及时侦破了6起重大疑难案件。由于未及时诊断治疗和长期劳累，癌症迅速恶化为中晚期。面对这命运的沉重打击，当时年仅48岁的朱汲对专程到医院看望他的市委、市公安局领导说：“我是干不到退休了，但我要在有限的时间里为党和人民多做工作。”他在南京接受两个月的手术治疗后匆匆赶回市局上班。

为了能在有限的余生完成正常侦破案件中的技术工作和培养助手、整理自己几十年法医工作的经验等任务，他每天忘我工作10多个小时。特别是在严厉打击刑事犯罪的斗争中，他带着助手不分日夜地勘查现场，检验、鉴定，审讯人犯，有时在工作中突然鼻孔流血，疼痛难忍，他就吃点药，打一针，止住血和疼痛后继续工作。1985年，他的病情进一步恶化，施行了开颅除癌肿的大手术，因此失去了听力和发音功能，饮食只能吃流食。他明白自己的生命十分有限了，便开始了人生道路上的最后冲刺，实行每天“两班满负荷工作制”。白天，他和正常人一样上下班，靠打手势、写纸条和别人谈话，坚持出现场、上验尸台。下班回到家，他又开始了夜班工作，抢时间将自己的经验留下来奉献给法医事业。几年来，他几乎每天晚上伏案写作四五个小时。他撰写的论文《试论自愿他杀》《非典型勒死的探讨》等，填补了我国法医学的空白，丰富了我国法医学的理论。

不仅如此，严重超负荷的本职工作仍没有满足他多作奉献的愿望，即使在病情恶化以后，他还积极帮助本市和周围市县兄弟部门解决法医技术难题。一次，泰县公安局法医送来33块尸骨，请他帮助鉴定死亡原因。朱汲连续工作一天一夜，对死亡性质、时间，死者年龄、特征、作案人数、工具、移尸次数、范围等都作出十分准确的鉴定。泰县公安局根据他提供的侦查方向开展工作，两天后即破获一起杀人沉尸两年的隐案。朱汲在过去的几年中共帮助兄弟部门解决技术难题120多个，周围许多县市公安局领导都说：“在我们的成绩中有朱法医的一份大功。”

朱汲事迹报导

朱汲一生衷爱法医事业，在他生命走向终点的最后时刻依然不忘初心，要求“除正常着一套警服外，口袋里放一把手术尺和解剖刀，随骨灰放入骨灰箱内，以谢我从事法医并热爱这个事业”。

遗愿信中，展现了朱汲坚毅学习、坚持真理、坚守事业的法医形象。

他是一位奋力学习的前行者。入行之初，为了能尽快进入角色，师从新中国第一代法医人、扬州市公安局法医林锡署学习法医基础知识。学成回泰后，他全心投入工作，将平时接触到能致人死亡的生产工具和生活工具精确测绘，记录在专用卡片上备查；将解剖尸体中发现的一些具有典型特征的脏器、组织提取下来制成标本；把检验中获得的图片、案情介绍、分析报告、鉴定结论，整理建档，从中不断积累经验。工作之余，他大量阅读中外法医学经典文献，如饥似渴地从中汲取养分，并报考了上海第一医学院在泰州举办的夜大班，系统学习掌握法医学理论。深入学习与不懈实践，使朱汲的业务水平快速提升，他逐渐成为泰州以及周围县市公安法医工作的行家里手，各县市公安局常有疑难问题向他请教。

他是一位坚持真理的实践者。1972年，宝应县公安局找到朱汲，请他帮忙鉴定一起历史遗案。案件发生于1967年9月，一场武斗致一名工人死亡。当时，因年代特殊，审查简单粗暴，数名造反派头目被迫“交代”了自己的“罪行”，且说法不一：有说是用木棍打死的，有说用绳子勒死的。办案部门难以定夺，于是请来朱汲。经全面鉴定，朱汲作出了“确系是他人枪击致死”的最终结论。真相大白，案件终结。事后，朱汲经组织允许，将这位工人的遗骨制成标本，安放在办公室的搁架上，每每看到，时以警醒。“每一份鉴定书，每一个字，每一个标点，都要有极高的精度，要经得起时间的考验，经得起反复推敲，因为它关系到生杀之间。”

他是一位法医事业的推动者。病中的朱汲为法医事业做了很多思考，他牺牲休息时间，将多年积累的实践经验整理记录下来。此间，共撰写学术论文44篇，分别在国家、省级法医学会议上交流、刊物上发表。其中，《蟾蜍中毒》入选《实用法医学》，《吞服氰

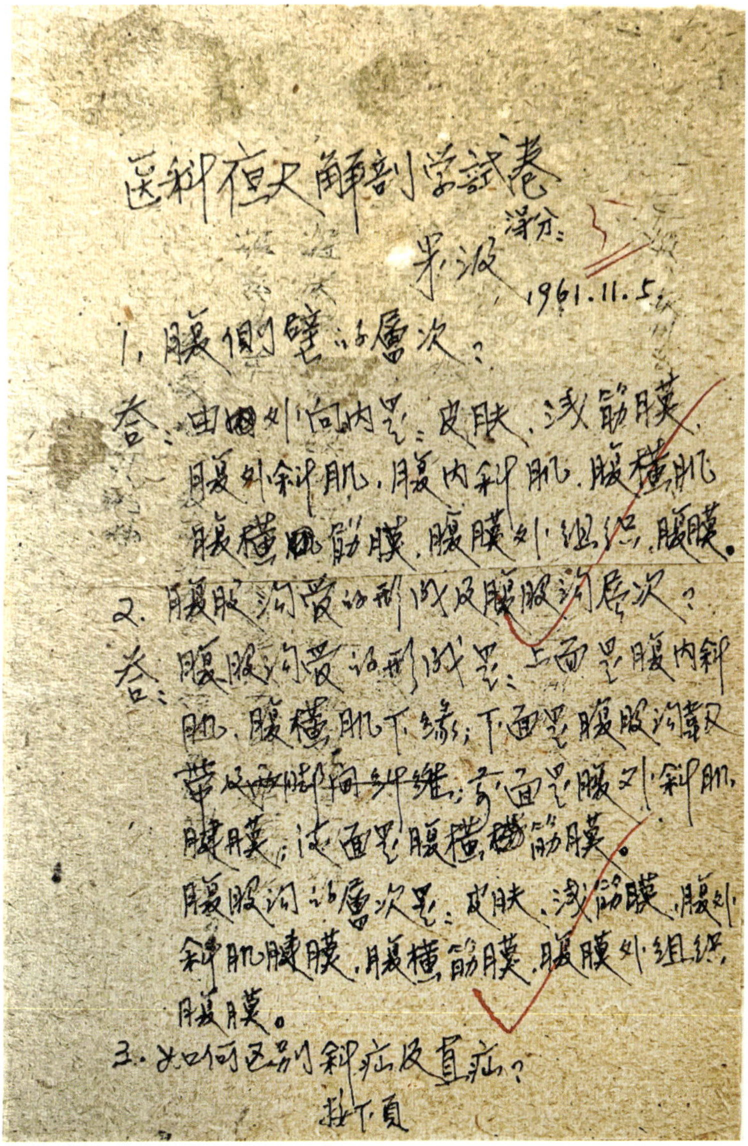
医科夜大解剖学试卷
满分：
朱汲 1961.11.5
1. 腹侧壁的层次？
答：由外向内是：皮肤、浅筋膜、腹外斜肌、腹内斜肌、腹横肌、腹横筋膜、腹膜外组织、腹膜。
2. 腹股沟管的形成及腹股沟层次？
答：腹股沟管的形成是：上面是腹内斜肌、腹横肌下缘；下面是腹股沟韧带；前面是腹外斜肌腱膜；后面是腹横筋膜。
腹股沟的层次是：皮肤、浅筋膜、腹外斜肌腱膜、腹横筋膜、腹膜外组织、腹膜。
3. 如何区别斜疝及直疝？
接下页

夜大满分试卷

化钠急性中毒死亡一例》编入西北政法学院《法医学研究与运用》教材；《针刺“期门”穴引起主动脉出血致死一例》获“齐鲁杯”首届中医学优秀论文交流会优秀奖；《论自愿他杀》《性窒息小议》《非典型勒死的探讨》《罕见的溺溢未死案》等4篇论文参加全国法医学交流会，被专家誉为“填补我国法医学一些领域的空白，拓宽和丰富了法医学理论。”

遗愿中，朱汲表达了对一生守望法医事业无尽的挚爱与不舍，更体现了对党的信仰与忠诚，他要求“丧事从简”，要求用抚恤金“四百四十元”缴纳为党工作“四十四年”最后一次党费。

1977年，朱汲光荣加入中国共产党。他感恩党的培养，严守党纪党规，勤勉履职，一生清廉。从警三十多年的他，手中掌握着为肇事者、行凶方、受害方鉴定的权力，从未收过一份礼、办过一起人情案、出具过一份虚假鉴定。

他多次被评为扬州市劳动模范、“十佳民警”，泰州市优秀共产党员、“两个文明”建设十大新闻人物，并光荣出席省第八次党代会。央视人民子弟

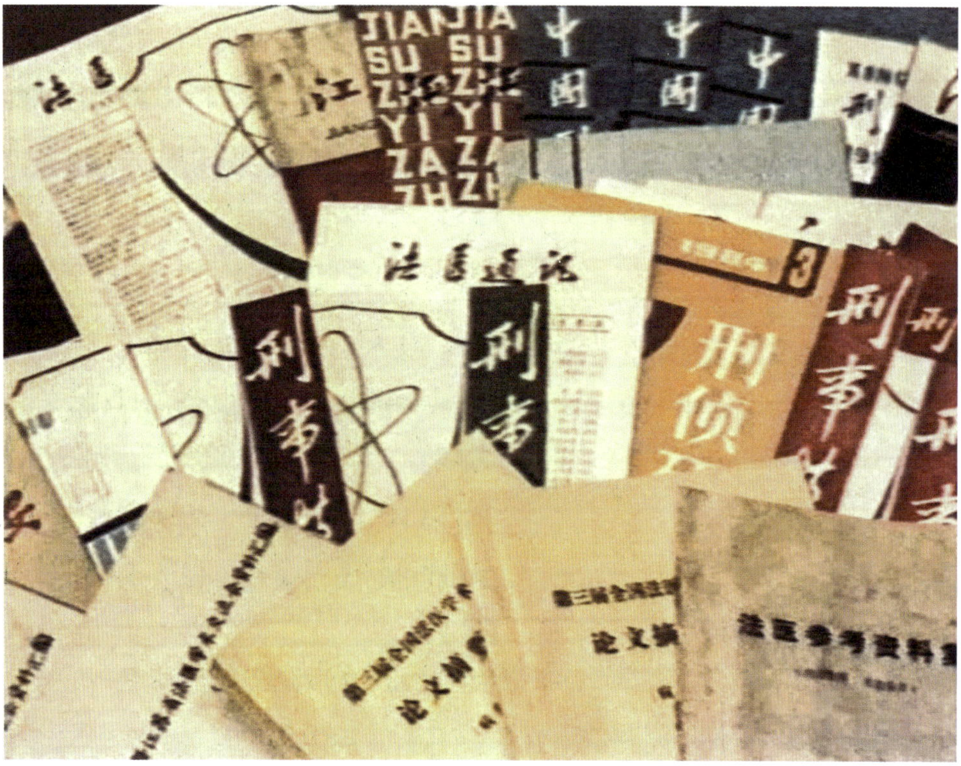

朱汲在以上刊物发表了论文

朱汲（右二）获评扬州市“十佳民警”

兵栏目播出专题片《热望》，以41分钟片长介绍他的先进事迹。1994年12月9日，朱汲被公安部授予全国公安战线“一级英雄模范”称号。次年1月4日，扬州市公安局作出《关于开展向朱汲同志学习活动的决定》。

1995年3月27日，朱汲病故。

余生自有宽怀处，患癌13载的朱汲，参加1005个尸（活）体检验复核，出具614份法医鉴定。时任扬州市公安局局长冀仁贵撰下挽联：“手持寸刀，析疑案、洗冤屈，数十载安良除暴；身染绝症，斗死神、守岗位，十三年为民永存。”

（王　菁）

相识相知的50周年

金梧给何永乐的信

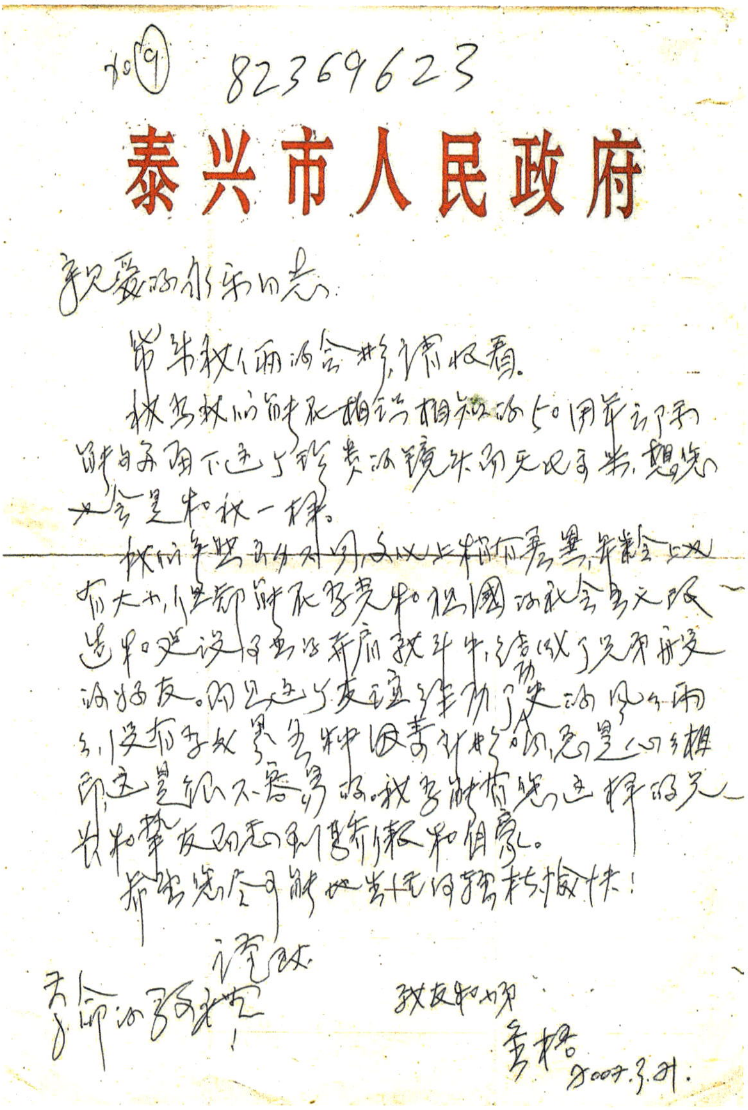

No⑨ 82369623

泰兴市人民政府

亲爱的何永乐同志：

带来我俩的合影，请收看。

标志我们俩相识相知的50周年之际，时间为我们留下了珍贵的镜头和无比的喜悦，想您也会是和我一样。

我们年龄相差五个月，又以上相同遭遇，年龄上又有大小，但都能在学党和祖国的社会主义改造和建设的共同奋斗中，结成了兄弟般的好友。同时这个友谊经历了历史的风风雨雨，没有减弱，是在种种考验中越来越坚固，总是心心相印，这是很不容易的。我为能有您这样的兄长和挚友而感到骄傲和自豪。

祝您全家健康，生活得更加愉快！

致

革命的敬礼！

战友和弟

金梧

2007.3.24.

金梧给好友何永乐的信

这是何永乐的战友金梧于2002年3月21日写给何永乐的一封信件。信中表达了金梧对拥有何永乐这样一个兄长和挚友的骄傲和自豪之情。原文如下：

亲爱的永乐同志：

寄来我俩的合影，请收看。

我为我们能在相识相知的50周年之际，能够留下这个珍贵的镜头而无比高兴，想您也会是和我一样。

我们虽然出身不同，文化上稍有差异，年龄上也有大小，但都能在为党和祖国的社会主义改造和建设事业的并肩战斗中，结成了兄弟般的好友。而且这个友谊经历了历史的风风雨雨，没有受外界各种因素所影响，总是心心相印，这是很不容易的。我为能有您这样的兄长和挚友而感到骄傲和自豪。

希望您尽可能地生活得轻松愉快！

谨致

革命的敬礼！

战友和小弟

金梧

2002.3.21

缘结合作社

何永乐（1914—2002），江苏泰兴人，1949年11月加入中国共产党。1950年，何永乐在何韩庄成立泰兴县第一个生产互助组并任组长，后历任何韩初级社社长、高级社社长、西洋大队大队长、何韩公社党委书记，泰兴县委委员、县政协委员等职。

金梧，扬州头桥镇人，1947年从扬州震旦中学初中毕业，1948年参加工作，在大桥小学教书时走上革命道路，参加过农村反霸、土改工作。由于工作积极，他被派到苏北行署泰州专署农村工作委员会工作。

1952年春，泰州专署决定在泰州地区试办一个初级农业生产合作社，试点地点有两个供选择，一个是兴化县戴南村刘长山互助组，另一个就是泰兴县何韩庄的何永乐互助组。考虑到何韩庄在苏北重镇黄桥南边二三里，交通便利，最终选定为试点。作为泰州专署试办初级社的首批工作组成员之一，金梧感到既光荣又责任重大，很快，他与组长曹志祥等其他2名同志到泰兴县珊瑚区西洋乡何韩庄驻点。到何韩后，金梧与何永乐等一起夜以继日地工作，白天带人写标语、印发宣传稿，用广播向广大农户宣传党的农村合作社的方针政策，晚上逐户走访，摸清各家各户的生产家底和现实想法。在这里，金梧与何永乐并肩作战、共同奋斗，成为了兄

泰兴第一个互助合作社——何永乐生产合作社成员合影

弟般的好友。

并肩奋斗

何永乐互助组是常年的，农户十多家，人口几十人。何永乐思想觉悟高、乐于助人，又是种田能手，在群众中威信高，这为他办农业合作社打下坚实基础。在工作组指导下，1952年夏，何永乐初级农业生产合作社成立，系扬泰地区第一个农业生产合作社，何永乐当选为社长，入社的有15户、102人，土地181.56亩。初级社与互助组有所不同是土地入了社，这在当时很不容易。土地入社后，年终分配约占四成，劳力约占六成，牲畜和农具等也参加分配。

合作社的发展也不是一帆风顺。1952年12月，一场极为罕见的寒流袭击了泰兴，气温从13度骤降到零下7度，农作物受到严重冻害，何永乐初级社的麦子因为出得早、长得高全被冻死，集体养的猪也冻死很多，损失较大，人心开始涣散，原本对合作社持怀疑态度的个别社员，在一些反对合作社的人的挑唆下闹退社。在工作组的大力支持下，何永乐和另外三名共产党员团结两户坚决办社的贫农，和那些企图拆社单干的思想进行了斗争。何永乐说，即使剩下三五户，也要把合作社

金梧（右）与何永乐的合影

何永乐的工作笔记

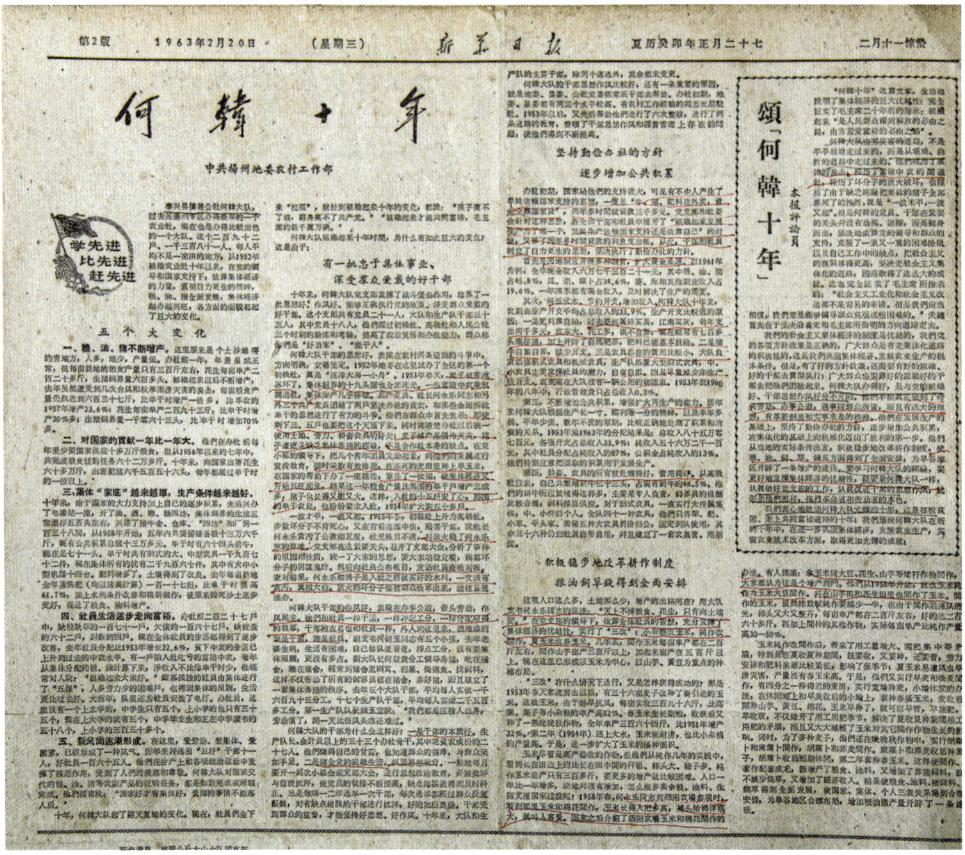
第2版　1963年2月20日　（星期三）　新华日报　夏历癸卯年正月二十七　二月十一惊蛰

何韩十年

中共扬州地委农村工作部

学先进 比先进 赶先进

五个大变化

有一批忠于集体事业、深受群众爱戴的好干部

坚持勤俭办社的方针 逐步增加公共积累

颂「何韩十年」

本报评论员

1963年2月20日，《新华日报》发表《何韩十年》

办下去。工作组成员反复对群众宣讲，麦子和猪冻死是天灾，不是合作社本身的问题。同时采取有效措施，动员农户齐上阵，赶在春节到来前翻种全部小麦，修复猪舍，购买仔猪，落实喂养防疫措施。

天道酬勤，第二年夏收时，初级社的粮食产量比周围的单干户增产三成多，猪也长得又肥又大，一些单干的农户纷纷要求入社。1954年末，何永乐合作社的农户增加到50多户。1955年，何永乐合作社的粮食单产和社员分配量在全县均达第一，全村所有农户全部入社。1956年，何永乐农业生产合作社晋升为高级农业生产合作社。年内，何永乐被评为全国农业劳动模范，并出席在北京召开的水利农业系统全国先进生产者代表会议。

何韩经验

何永乐常说：“团结起来力量大，组织起来才能过好日子。”1957年，在省、扬州地区和泰兴县三级工作组的指导下，何永乐摸索包工、包本、包产量和超产奖励“三包一奖”的农业生产管理制度，在农业发展方式上坚持粮食生产和副业生产共同发展。

1958年，何永乐带领群众进行“三改”试验，即旱田改水田、纯作改间作、低产改高产，全社1400亩土地全部实行了“三改”模式，为旱谷地区农业生产合理布局，增加粮油产量开辟了一条新路。人们称“三改”为“何韩经

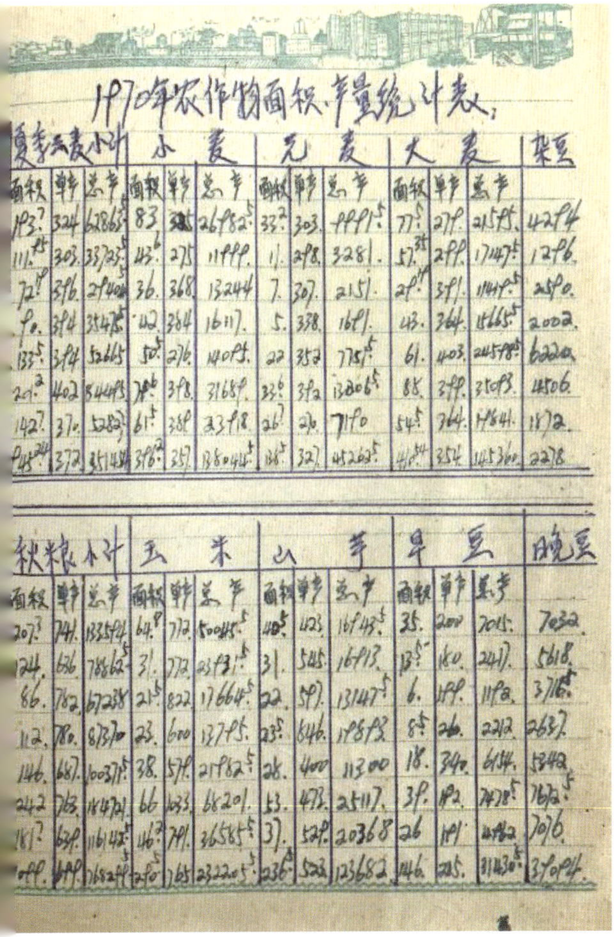

197年农作物面积、产量统计表：

夏季三麦小计			小麦			元麦			大麦			蚕豆
面积	单产	总产	面积	单产	总产	面积	单产	总产	面积	单产	总产	
193.7	324	62865	83	[illegible]	26982.5	33.2	303	9991.5	77.5	279	21595	4294
111.25	303	33723.5	43.6	275	11999	1	298	3281	57.35	299	17147.5	1296
72.9	376	27402	36	368	13244	7	307	2151	29.4	391	11449.5	2590
90	394	35475	42	384	16117	5	338	1691	43	364	15665.5	2002
133.5	394	52665	50.5	276	14095	22	352	7751.5	61	403	24598.5	6220
209.2	402	84493	78.6	398	31689	33.6	392	13206.5	85	399	35093	4506
142.7	370	52829	61.5	389	23918	26.7	26	7190	54.5	364	19841	1872
945.24	372	351438	376.2	357	138044.5	138.5	327	45262.5	416.54	354	145360	2278

秋粮小计			玉米			山芋			早豆			晚豆
面积	单产	总产	面积	单产	总产	面积	单产	总产	面积	单产	总产	
207.3	741	153594	64.8	772	50045.5	40.5	423	16945.5	35	200	7015	7032
124	636	78862.5	31	772	23931.5	31	545	16913	13.5	180	2417	5618
86	782	67238	21.5	822	17664.5	22	597	13147.5	6	199	1192	3716.5
112	780	87370	23	600	13795	23.5	846	19893	8.5	26	2212	2637
146	687	100371.5	38	579	21982.5	28	400	11300	18	340	6134	5342
242	763	184721	66	1033	68201	53	473	25117	39	192	7478.5	7612.5
181.3	639	116142.5	46.3	791	36585.5	37	529	20368	26	191	4982	7076
999	699	768299	290.5	765	232205.5	236.5	522	123682	146	225	31430.5	37094

何永乐工作笔记内页

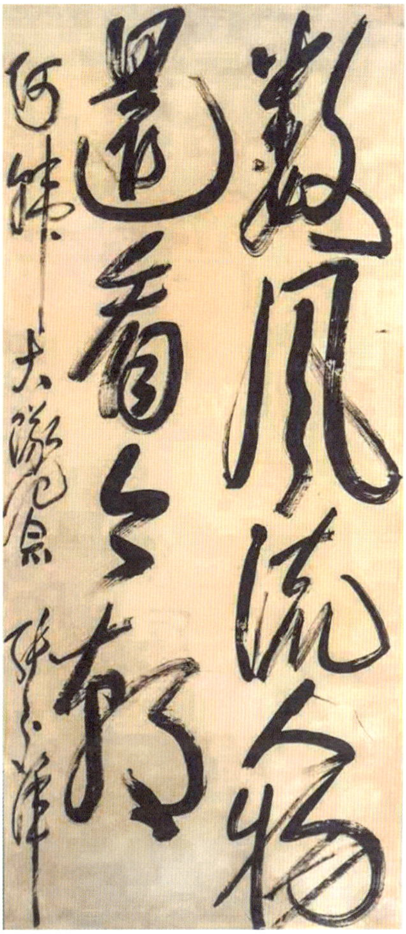

张爱萍题字

验”，省委第一书记江渭清、扬州地委第一书记胡宏先后在何韩大队蹲点调研。这种自强不息、不断进步的“何韩经验”很快被总结推广到整个华东旱谷地区，全国各地先后有三万多人次前来学习。

1959至1961年三年困难时期，何韩大队人均年收入仍然高达400元，没有人得“浮肿病”，不但衣食无忧，还拿出粮食帮助周边群众渡过难关。

1963年2月20日，《新华日报》发表了扬州地委农村工作部题为《何韩十年》的调查报告，全面介绍了何韩十年间在各个方面发生的翻天覆地的变化，肯定了何韩大队为国家所作出的贡献，并刊发了题为《颂何韩十年》的评论员文章。

1965年10月，何永乐作为农村基层干部的优秀代表，赴北京参加国庆观礼。1966年，中国人民解放军副总参谋长张爱萍视察何韩大队时特为何永乐题词："数风流人物，还看今朝。"

何永乐常说：我的一切都归功于伟大的党，归功于和我一起奋斗的干部群众。正是何永乐这种高尚的品格，金梧将他视为生命中最宝贵的友人，并为之骄傲和自豪。无论时光如何流转，友谊之情依旧长存。正如信中所说："历经风风雨雨，总是心心相印。"

（金　凤）

竟落此下场

单声就贪官获刑报导给女儿女婿的信

2006年4月，单声在英国伦敦家中阅读《人民日报》（海外版）一篇报导，标题为《因滥用职权罪 四川原副省长李达昌一审被判7年》。他想到在北京工作的女儿单黛娜、女婿钱法仁，于是将这篇报导剪下来，并在边上用毛笔小楷写上“人民日报海外版2006年4月4日载”，贴在给女儿女婿信的上方中央。

单声

剪报的下方，他写下这么一段话：“黛娜、法仁：四川省副省长，当年曾喧喝（烜赫）一时，与法仁熟识，2001年去四川成都遇到此君。报载滥用职权，被判7年徒刑，令人难以置信。如此文质彬彬学者、高官，竟落此下场！”钱法仁是法国亚义赛公司董事长、法中委员会副主席，从事中法经贸工作40多年。女儿单黛娜热心公益，在古典建筑研究设计方面取得成就。

这封飞越万里的书信只有短短的一段文字，除了以上内容及“专此顺颂，如意顺心”和署名、时间外，其他什么也没说。这是单声教育子女、熏陶家风的高妙之处。作为父亲知道儿女走南闯北，无需多言，只是点到为止，没有说埋，没有要求，他们会从中读懂镜鉴之意、父母之心。这封书信的信笺四周嵌印是由知名书家以小篆写成的“寿”字，可谓用心良苦。

赤子之心

单声祖籍江苏泰州，1929年出生在上海，1951年毕业于上海震旦大学法律系，先赴香港后又到法国留学。在巴黎大学求学三年，被授予国际法学博士学位。由于经济困难，他便经营商业，在西班牙、英国从事进出口贸易和房地产投资，成为了一名颇为成功的商人。定居英国后，单声积极参与当地华侨活动，于1986年担任英国华侨协会会长。1997年，香港重回祖国怀抱，单声作为中英两国政府、香港特区特邀嘉宾见证了历史性的时刻。

虽旅居海外多年，单声最关心的事情是祖国统一问题。2000年2月，他牵头组织成立了全英华人华侨中国统一促进会，并担任会长。

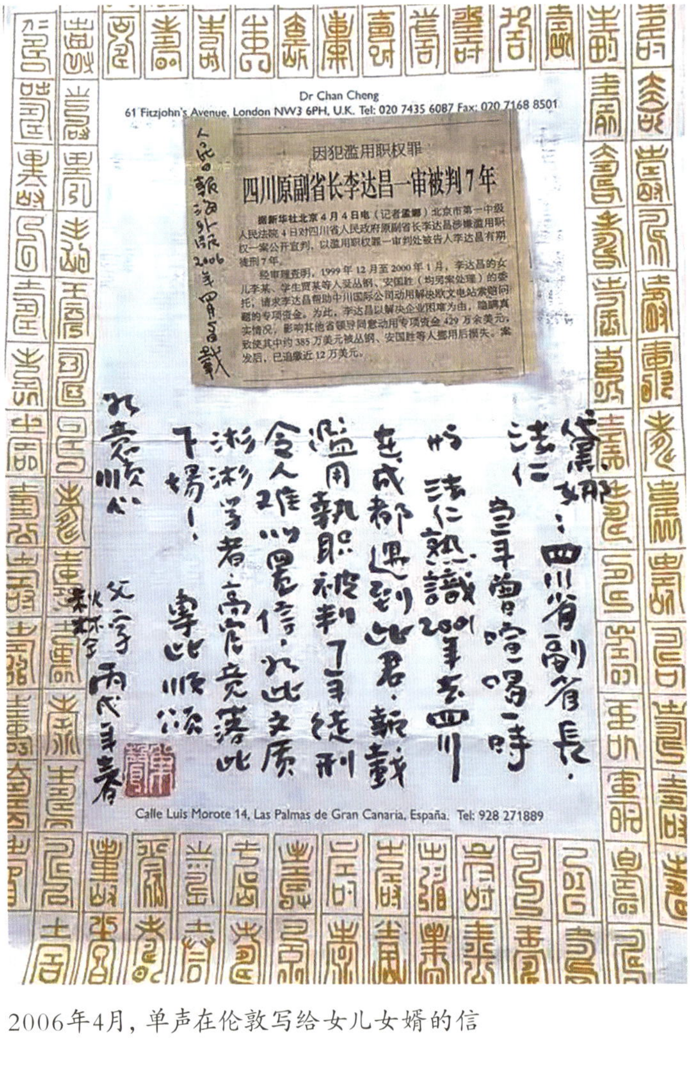
Dr Chan Cheng
61 Fitzjohn's Avenue, London NW3 6PH, U.K. Tel: 020 7435 6087 Fax: 020 7168 8501

人民日报海外版2006年4月5日截

因犯滥用职权罪
四川原副省长李达昌一审被判7年

据新华社北京4月4日电（记者孟娜）北京市第一中级人民法院4日对四川省人民政府原副省长李达昌涉嫌滥用职权一案公开宣判，以滥用职权罪一审判处被告人李达昌有期徒刑7年。

经审理查明，1999年12月至2000年1月，李达昌的女儿李某、学生贾某等人受丛钢、安国胜（均另案处理）的委托，请求李达昌帮助中川国际公司动用解决欧文电站索赔问题的专项资金。为此，李达昌以解决企业困难为由，隐瞒真实情况，影响其他省领导同意动用专项资金429万余美元，致使其中约385万美元被丛钢、安国胜等人挪用后损失。案发后，已追缴近12万美元。

黛娜、法仁：四川省副省長，當年曾喧唱一時的，法仁熟識。2001年去四川在成都遇到此君。新截濫用執职被判7年徒刑，令人难以置信。如此文质彬彬学者，高官竟落此下場！

專此順頌
如意順心

父字 雨代手書

Calle Luis Morote 14, Las Palmas de Gran Canaria, España. Tel: 928 271889

2006年4月，单声在伦敦写给女儿女婿的信

单声认为通过加强立法来处理两岸问题尤为迫切。2004年5月9日，温家宝总理率领中国政府代表团访问英国，并与当地华人华侨召开座谈会，单声在会上提议国家要尽快制定《统一法》，使台湾问题由政治斗争转向“法理斗争”，这种法理斗争方式符合国际惯例，必将为中国赢得更广泛的国际支持。

2005年3月14日，全国人民代表大会高票通过了《反分裂国家法》。单声当时作

《反分裂国家法》书影

为“两会”期间全国政协会议海外华侨的列席代表，见证了《反分裂国家法》审议、通过、颁布的全过程。党和国家领导人对于单声在这部法律起草、出台、制定过程中所作出的贡献给予了高度评价。

根在中国

单声的家国情怀离不开其父单毓华的谆谆教诲，单毓华写给单声的《八儿远行书》“勤学卫生，早起早卧，不作无益，闲写书法，爱国爱家爱故乡”，成

单声珍藏文物馆

单声珍藏文物馆内的字碑

为影响单声人生轨迹的箴言。

2007年6月，单声夫妇携子女和亲属回到家乡泰州，开展“寻根”之旅。他们出席单毓华故居落成仪式，参观工厂、学校、村居，和家乡人民开展座谈联谊活动。

2009年5月，单声在家人和夫人单桂秋林的支持下，将自己在海外精心收藏的300多件珍贵文物无偿捐赠给家乡泰州，包括黄花梨屏风、八仙象牙雕、翡翠台屏、千手观音象牙雕以及张大千、齐白石等名人书画。2011年10月，单声珍藏文物馆落成并对外开放。中国侨联主席林军为单声珍藏文物馆题词“文物无价 爱国有心”。单声表示，向家乡捐献文物，让海外文物回归祖国是自己的夙愿。自己虽然出生在上海，但却是不折不扣的泰州人。能化“小我”为“大我”，让泰州父老乡亲欣赏到祖国的文物，感到很自豪。他希望能用自己的实际行动，带动更多的海外侨胞将流失的文物购买回来，送归祖国；同时也期待通过单声珍藏文物馆，将自己的子女和泰州牵连起来，让他们永远记住，自己的根在中国、根在泰州。

如今，单声珍藏文物馆为泰州市爱国主义教育基地、泰州市华侨华人文化交流基地。

回馈桑梓

单声为祖国的繁荣和家乡的文化教育贡献着自己的一份光和热。“我爱中国文化，我爱我的祖国”，这是旅居海外半个多世纪的单声所信奉的人生理念。

2008年7月，单声捐赠人民币100万元，在家乡设立“单声教育奖学基金会”，专门用于奖励品学兼优、家境困难的学生，每学年颁发一次，每次奖励30名学子。

2017年，单声出席了第九届单声教育奖学金发放仪式、单声珍藏文物馆扩建备忘录签订仪式以及2015年开拍的纪录电影《单声》试映式等活动，他说，近年来，泰州发展得很好，每次回来都有新的变化，真的感到高兴，也非常愿意能为家乡的发展贡献自己的一份力量。单声始终觉得一个国家要强，首先要强教育，教育出人才，人才从学校培养，小学生是最重要的教育对象。他在活动中勉励获奖学生热爱祖国、热

2008年7月，泰州市单声教育奖学基金会成立

单毓华故居（泰州市海陵区东进西路109号）

爱家乡，以孝为先、勤奋好学，早日成为栋梁之才。他先后被授予“泰州市荣誉市民”称号和“感动泰州”十大人物。

2021年12月13日，纪录片《单声》正式上映。影片通过单声的家人、朋友的真情叙述，运用写实的手法，讲述了单声旅居海外多年，始终心系祖国和家乡，捐献文物、捐资助学、支援家乡建设的感人事迹，展现了他崇高的爱国主义情怀、坚定的理想追求和强烈的责任担当。

家风正，子孙兴。单声很赞赏诸葛亮的《诫子书》，推崇林则徐的钱财观。他坦言：“爱国爱家爱故乡”既是父训，也是我们单家的家风。我的财物留给子孙，还是捐给家乡，是经过反复考虑并与儿女们商量的。孩子们的路要靠自己走，一代人要有一代人的担当和付出。单声写给女儿、女婿的剪报信惜字如金，纸短情长，既让人感受到单声对儿女的关心关爱之情，又让人感到他的赤子之心。

（姚俊峰）

荣誉只代表过去

何健忠给女婿的信

实基础。在抓好学习的同时，还要勤于思考，用创新增添活力。

飞飞，希望你时时事事处处记住爸爸的话，不忘初心，坚定信心，坚决响应习总书记号召，撸起袖子加油干，在新的工作岗位，新的人生征程上干出一片新天地，干出一番新成绩，干出一段新辉煌。爸爸为你加油！

代向茜茜、可人问好！

爱你们的爸爸

2017.5.5.

2017年5月5日，全国劳模何健忠写给女婿的一封家书

这是2017年5月5日全国劳模何健忠写给女婿的一封家书。信中他以一个老兵的身份，对即将转业的女婿寄予了殷殷嘱托。

何健忠，1959年6月生，泰兴市黄桥人，中共党员，十一届、十二届、十三届全国人大代表，中国邮政集团有限公司江苏省泰兴市分公司城区分局党支部书记、江平路支局支局长，曾荣获全国五一劳动奖章、全国道德模范提名奖，获评全国邮政系统劳动模范、优秀全国人大代表、全国劳动模范、全国优秀共产党员。

何健忠

不忘初心　方得始终

“爸爸只是邮政战线的一名普通员工，在近30年中工作中，我一直积极向上，奋发进取，获得了一个又一个荣誉，08年和13年还连续当选全国人大代表。但每获得一个荣誉，我都是把它当为新的起跑线、当成加油站、当作沉甸甸的托付和责任，不断激励自己创新、勤奋、努力。战功和荣誉只代表过去，鲜花和成绩只意味曾经，爸爸希望你能将一切清零，保持婴孩心态，戒骄戒躁不断前行。地方的复杂性远大于部队，社会的考验性远甚于军营，希望你能秉持军人本色，保持军人的光荣传统和优良作风，做到转业不转志、退役不褪色。”

1982年，何健忠复员回乡，分配到邮电局任投递员。他给自己定下目标，确保“三无”：无差错、无遗漏、无投诉。14年的投递员工作中，一百多万封信件从何健忠手上投递，没有错投过一封信件，没有收到过一起投诉。1997年，他临危受命，担任江平路支局支局长。刚上任时，支局邮政业务、储蓄业绩都在泰兴全市倒数。他给自己和职工立下规矩，做到“三不”：不抱怨，不退缩，不服输，并提出了“大家向我看齐”的倡议。他告诫职工，只有牢记“人民

何健忠在整理邮件

邮政为人民”的初心使命，为广大群众提供周到便捷服务，满足客户全方位多元化需求，才能筑牢立业之本。

“从我做起，给大家做出个共产党员的样子来。”发展业务要主动出击，不能等客上门。他给自己定下目标，每天走访客户达100公里，上门服务爬楼达100层。上任不到3个月，他跑遍城区所有单位，业务宣传遍及各个街道社区，自行车胎就换了两根。在他的带领下，江平路支局一年内就甩掉了落后的帽子，一年后进变先进，两年效益大翻身，年年实现新突破。

他坚持用服务打动客户。当时，一些年龄大的客户办理业务时常忘带证件。何健忠敏锐地发现了这一现象。他提出，不能让年老体弱的群众跑第二趟。为实现这个目标，何健忠常常带上包裹、汇款，用摩托车带着客户回家现场补手续、现场办理业务。通过热情的服务，他凝聚来大批客户。

何健忠把部队的优良传统带到了岗位上，为了拓展业务，他没日没夜地忙碌。一次，他得知民航器材厂有一批配件要发往西安，他上门洽谈，厂长答应试试，但货物要夜里才能备齐。为保证货物赶上次日头班邮车，晚上11点，何健忠赶到厂里，看到工人还在包装，他脱下棉衣就干。包装过程中，他手上被划出两道深口子，也全然不顾。忙完已是凌晨3点，他用板车将货物拉回支局，赶上了第一班邮车。此后，该厂所有货物运输都交给了江平路支局。

多年来，何健忠一直保持着当初创业时的习惯：支局早上8点半营业，他不到7点就赶到单位。晚上5点半关门，他要一直干到7点钟以后最后一个回家。并且，周末也几乎不休息。凭着这股拼劲，江平路支局的口碑越来越好，服务半径越来越大。在何健忠的带领下，支局的业务收入20年来增加了30多倍，12年蝉联泰州市邮政支局第一，被评为全国青年文明号。他的"真心服务、真情服务、真诚服务"做法被国家邮政局命名为"何健忠工作法"在全系统推广。

从善如流　为党分忧

"还记得你第一次到家里时，我跟你介绍奶奶的遗像的事吗？照片上的奶奶已是重病缠身，可她的身旁还放着一个针线团，那是她知道时日不多，想赶着给儿女多做一双布鞋。奶奶在即将走到生命尽头的时候，还想着为后人做点好事，我们活着的后人又该怎么做呢？一个人活着不做些善事，不为社会做点贡献，这样的人生还有什么意义？飞飞，

何健忠（右一）走访群众

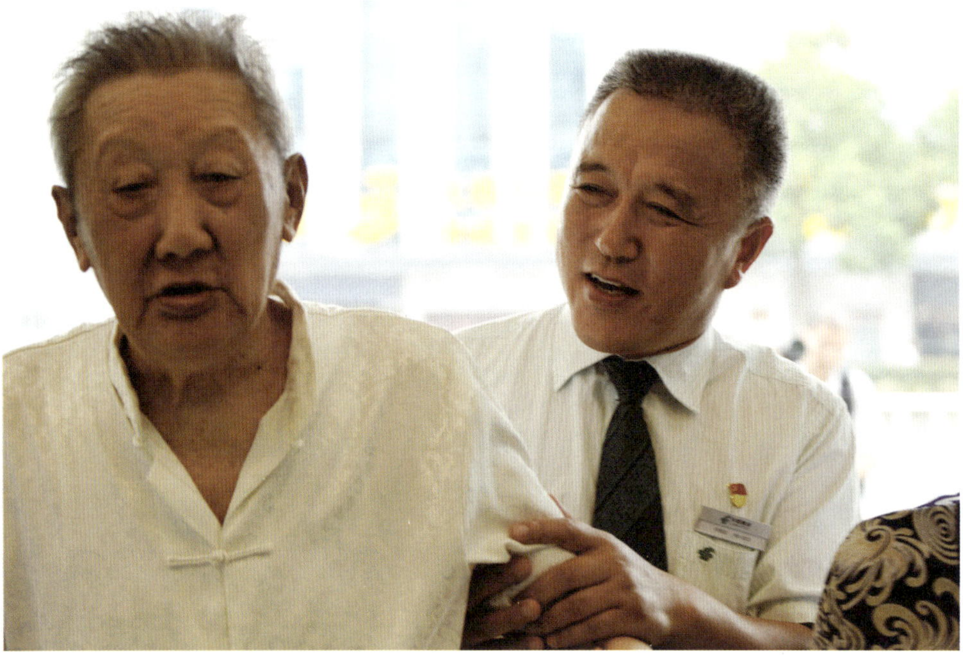

何健忠（右）搀扶老人

2020年5月15日，“何健忠调解工作室”揭牌

在部队你是名优秀的军官，到了地方，希望你能继续不畏攀登之苦、时刻警惕山崩之易，将道德视为底线，将奉献当作习惯，将敬业融入生命，做一个有价值的人。”

在做邮递员期间，何健忠就主动帮助群众买米、灌煤气，经常为大家跑东跑西。担任江平路支局局长不久，他专门印制了特殊的名片，上面写着，“只要您呼6838，剩下的事由我来办”。“6838”是何健忠的寻呼机号码，在办理业务之余，何健忠决定用它来做更多好事。

心怀一团火，播撒一路情。一年又一年，不断做好事，何健忠成了泰兴家喻户晓的“活雷锋”。“有困难找何健忠”，成为当地群众的口头禅。2014年8月，“何健忠群众服务社”在泰兴社会管理中心成立，他每周一到岗接待群众。2020年初，他又在泰兴人民法院非诉讼服务中心成立“何健忠调解工作室”，带领人民调解员开展“诉前调解”，从源头减少诉讼增量。40多年来，他服务过的群众已近6万人次。

2008年，何健忠光荣当选为全国人大代表。当选人大代表的十多年来，群众反映的问题成了何健忠撰写建议或议案的主要信息来源。他收集和调研老百姓关心的民生问题，积极在全国人大代表履职平台上发出来自基层

“何健忠群众服务社”窗口

何健忠在直播间帮助销售农产品

的“最美好声音”，先后提交了200多个建议，一些建议得到了国务院各部委的高度重视和采纳，邀请他参与相关政策、法律制定的审议，推动了相关法律、政策的制定，成为知名的“议案大王”。

山西省汾西县是革命老区和国家级扶贫开发县，优良品种玉露香梨丰产不丰收。2019年12月，何健忠去汾西县作劳模报告时了解到此情况后，深入到梨园和百姓家中调研。掌握第一手情况后，他立即向邮政集团公司电商局汇报，并在第一时间得到支持，邮政集团将汾西县的玉露香梨放到了邮乐网上在线售卖，山西邮政、江苏邮政也一同在线上、线下联合销售。同时，他又马不停蹄联系社会各界帮助销售。在春节前短短二十天的时间就为合作社推销香梨20多万公斤。

“一个人做点好事并不难，难的是

一辈子做好事。”面对耀眼的光环，面对群众的赞许，何健忠说，“我将继续努力，把更多熨帖的暖意传递给群众，无怨无悔，奉献一生。”

学习创新　事事领先

“爸爸虽然文化水平不太高，却将足迹从一个小小的邮政支局走向全国，总结的很多经验做法被全省全国推广，比如我将预防职务犯罪工作和邮政通信服务有机融合起来，形成的‘预防邮路’已全国推广并连续2年被写入最高检报告。靠的就是不停地学习加创新，全力做到事事领先一步。虽然你有军事学硕士学位，是部队的‘高才生’，但是到了地方面临全新的岗位和专业，切记要拿出‘小学生’的姿态，虚怀若谷，以时不我待的劲头提前学习新的知识，为适应岗位夯实基础。在抓好学习的同时，还要勤于思考，用创新增添活力。”

2022年6月7日，何健忠发起“为爱西行，书香致远”活动。图为何健忠（左一）在装运捐赠书籍

2014年2月，在何健忠的倡导下，全国首个检邮合作的“预防职务犯罪志愿者邮路宣讲队”正式成立。2016年全国人民代表大会期间，他提出了在全

国推广预防邮路工作的建议，并得到采纳。最高检、中国邮政集团公司联合发文，在全国推广这项工作，预防邮路先后三次被写入了最高检的工作报告。

“作为党员，不能坐等群众来找我们解决困难，要主动去了解他们的需求和心声。”多年来，何健忠利用支局的一方天地，积极传递党的声音、履行代表职责，做好桥梁和纽带。他把“全国劳模工作室”和“全国人大代表工作室”开设在支局一层，配备了饮水机、充电器等便民设施，平均每天至少用2小时接待群众来访，使工作室变成了人气旺盛的“议事厅”。

始终铭记初心和使命，成就精彩信使人生。何健忠深知，荣誉只代表过去，前行的路上没有终点。他用自己的实际行动证明，真正的荣誉不是奖杯和证书，而是那份能够经得起时间考验，为人民群众带来实实在在福祉的奉献精神。在他的影响下，越来越多的后来者正接过这份沉甸甸的责任，在各自的岗位上，不忘初心，砥砺前行，共同书写属于这个时代的辉煌篇章。

（金　凤）

最鲜亮的角色

海军泰州舰寄语2049的“时间胶囊”

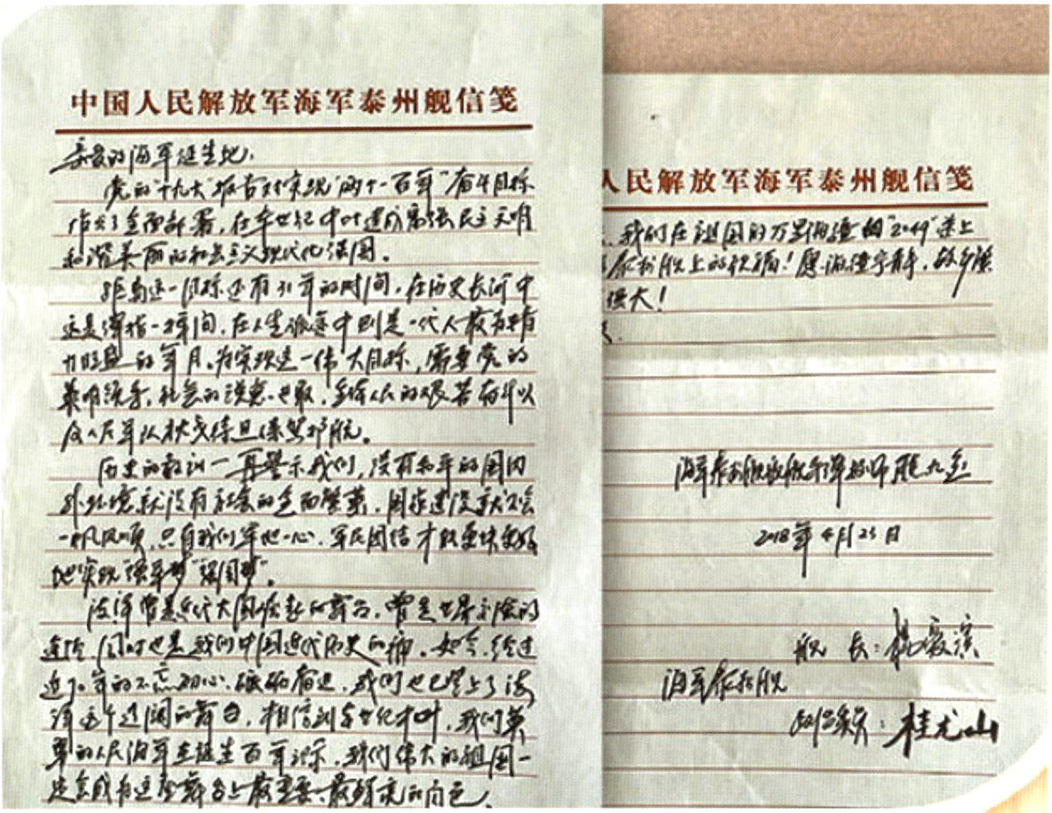
中国人民解放军海军泰州舰信笺

亲爱的海军诞生地：

党的十九大报告对实现“两个一百年”奋斗目标作出了全面部署，在本世纪中叶建成富强民主文明和谐美丽的社会主义现代化强国。

距离这一目标还有31年的时间，在历史长河中这是弹指一挥间，在人生旅途中则是一代人最为珍贵的岁月。为实现这一伟大目标，需要党的集中统一，社会的凝聚、进取，全体人民的艰苦奋斗以及人民军队枕戈待旦保驾护航。

历史的教训一再警示我们，没有和平的国内外环境就没有国家的全面繁荣。国家建设不会一帆风顺，只有我们军地一心、军民团结才能坚定不移地实现强军梦、强国梦。

海洋曾是近代大国崛起的舞台，曾是世界列强的通途，同时也是我们中国近代历史的伤痛。如今，经过近70年的不忘初心、砥砺前进，我们也已登上了海洋这个广阔的舞台。相信到本世纪中叶，我们英勇的人民海军走过诞生百年之际，我们伟大的祖国一定是成为世界舞台上最重要、最鲜亮的角色。

中国人民解放军海军泰州舰信笺

……我们在祖国的万里海疆向“2049”送上泰州舰上的祝福！愿海疆宁静，故乡繁荣，祖国强大！

……

海军泰州舰全体官兵

2018年4月25日

舰长：杨震滨

海军泰州舰

政治委员：桂光山

2018年4月，海军泰州舰官兵致海军诞生地书信

2018年4月1日，泰州市博物馆发起《穿越时光，见证百年复兴——献给2049的一封信》“时间胶囊”活动，收到社会各界寄送的书信百余件。其中，最为特殊的当属海军泰州舰官兵寄来的一封书信，寄语“2049”，“愿海疆宁静，故乡繁荣，祖国强大！”

书信全文如下：

亲爱的海军诞生地：

党的“十九大”报告对实现“两个一百年”奋斗目标做出了全面部署，在本世纪中叶建成富强民主文明和谐美丽的社会主义现代化强国。

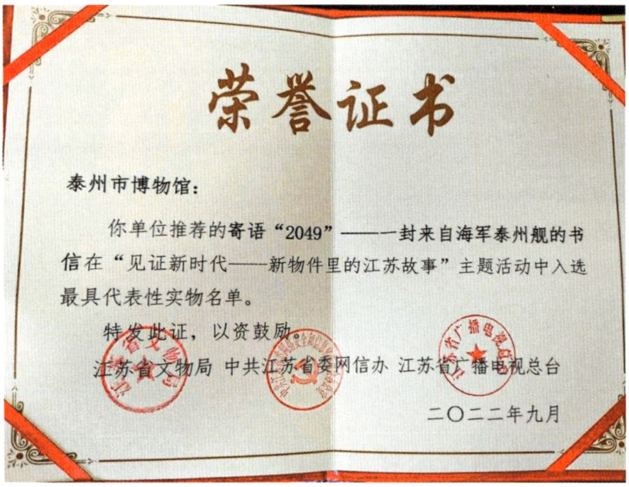

荣誉证书

泰州市博物馆：

你单位推荐的寄语“2049”——一封来自海军泰州舰的书信在“见证新时代——新物件里的江苏故事”主题活动中入选最具代表性实物名单。

特发此证，以资鼓励。

江苏省文物局　中共江苏省委网信办　江苏省广播电视总台

二〇二二年九月

荣誉证书

距离这一目标还有31年的时间，在历史长河中这是弹指一挥间，在人生旅途中则是一代人最为精力旺盛的年月。为实现这一伟大目标，需要党的英明领导、社会的锐意进取、全体人民的艰苦奋斗以及人民军队枕戈待旦保驾护航。

历史的教训一再警示我们，没有和平的国内外环境就没有社会的全面繁荣，国家建设就不会一帆风顺，只有我们军地一心，军民团结才能更快更好地实现“强军梦”“强国梦”。海洋曾是近代大国崛起的舞台，曾是世界交流的途径，同时也是我们中国近代历史的痛。

如今，经过近70年的不忘初心，砥砺奋进，我们也已登上了海洋这个辽阔的舞台，相信到本世纪中叶，我们英勇的人民海军在诞生百年之际，我们伟大的祖国一定会成为这座舞台上最重要、最鲜亮的角色。今天，我们在祖国的万里海疆向“2049”送上来自海军泰州舰上的祝福！愿海疆宁静，故乡繁荣，祖国强大！

此致

敬礼！

海军泰州舰舰舰导弹技师　熊九金

2018年4月23日

海军泰州舰舰长：杨爱滨

政治委员：桂尤山

人民海军“泰州舰”

来信开头写道：“亲爱的海军诞生地。”泰州与海军的渊源深厚。1949年4月23日，在隆隆的渡江战役炮火声中，中国人民解放军第一支海军部队——华东军区海军在泰州白马庙宣告成立。泰州是中国人民解放军海军诞生地。海军先后将两艘舰艇命名为“泰州舰”。

1986年8月1日，人民海军将东海舰队某部服役的831扫雷舰命名为泰州舰，2013年退役。新命名的泰州舰（舷号138）为俄制现代级改进型——956EM型驱逐舰，是2002年1月中国向俄罗斯订购的两艘现代级驱逐舰中的一艘，由俄罗斯北方造船厂建造。现代级驱逐舰一般以省会城市或者副省级城市命名，以地级市命名的唯有138号“泰州舰”一艘。2006年2月15日，泰州舰正式进入中国人民海军的装备序列。该舰最大排水量为8040吨，是21世纪初中国海军序列中吨位最大的驱逐舰，也是中国海军拥有的第三艘“现代”级驱逐舰。它采用增强武器系统和传感器，装备有超音速反舰导弹，反舰和防空能力强大。2018年1月中旬，泰州舰和多艘舰艇组成编队，展开多个实战化科目训练，包括主副炮射击、实射火箭深弹等。

海军泰州舰海上训练

中国人民解放军海军诞生地纪念馆

“泰州舰”接舰舰员

这封信由来自湖北黄梅的海军泰州舰舰舰导弹技师熊九金所写。泰州这个城市名字一直深刻在熊九金的心里。熊九金说：“入伍时，就学习过，泰州是海军的诞生地，在泰州舰当兵是无上的

光荣。”2005年，熊九金因工作成绩突出，入伍才5年，就被挑选为泰州舰接舰舰员。看到泰州舰的第一眼，熊九金忍不住感慨：“好有肌肉感的外形！”设计上充满了机械的张力，熊九金一见倾心，但全新且陌生的武器装备也意味着接舰官兵即将面临前所未有的挑战。2006年1月8日，泰州舰越三洋、过九

熊九金工作照

海，历时40余昼夜，航行12000多海里，完成自航归建。

海军泰州舰舰徽

熊九金在信中写道：“海洋曾是近代大国崛起的舞台，曾是世界交流的途径，同时也是我们中国近代历史的痛。”这是历史给予中华民族刻骨铭心的教训。泰州舰一入列就成了海军的明星舰。熊九金说：“泰州舰信息化、数字化、集成化程度高，综合作战能力强，以往懂管理、体能强、作风好的舰员最受欢迎，但在这艘舰上，专业精要排在第一位。”为尽快适应装备升级换代，高中毕业的他一头扎进书海，一边熟悉舰上的每个部件。面对从未接触过的外文，熊九金废寝忘食，刻苦学习，钻舱室、摸管路，从一窍不通到渐渐熟悉，直到“读懂”眼前这个“铁疙瘩”，他也逐渐成长为海军泰州舰舰舰导弹技师。

升级换代的战舰遇上求知若渴的水兵，碰撞出了闪耀时代的火花。泰州舰全体官兵牢记历史、发奋图强，常年执行海上战备训练任务，年均出海时间超180天，冲在捍卫海疆的第一线。熊九金说：“离港的汽笛就是战斗的号角，离开码头，舰上岗位就开始有序运转，钢铁战舰随时能战。”泰州舰先后圆满完成中俄联演、出国访问、实兵实弹演习、远海训练等几十项重大任务，创下海军多项“首次”，摘得全国创先争优先进基层党组织、海军先进舰连标兵、海军从严治军先进单位等荣誉，并荣立集体二等功。

2018年4月，泰州舰政委桂尤山、舰长杨爱滨将寄语“2049”这封信的撰写任务交给了熊九金。熊九金代表泰州舰全体官兵饱含深情地写下了这封信。

水兵母亲城

泰州将泰州舰作为自己海上流动的一块土地，而泰州舰的官兵则将泰州当成了自己的第二故乡。泰州舰政委桂尤山说：“泰州市像母亲一般无私地支持我们泰州舰，泰州舰官兵也像孩子一样争先创优，为泰州市争光添彩。”泰州舰两次出访俄罗斯符拉迪沃斯托克（海参崴），外国官兵总会问他们：“泰州在中国的什么地方？”每当这时，泰州舰的官兵骄傲地告诉他们：“泰州，是中国人民解放军海军诞生地、水兵母亲城。”国外官兵听完，竖起大拇指：“了不起，泰州！”

熊九金在信中说：只有我们军地一心，军民团结才能更快更好地实现“强军梦”“强国梦”。人民

泰州市获双拥五连冠

2009年4月29日泰州市庆祝海军成立60周年军民联欢晚会

军成立60周年军民联欢晚会
海军诞生地
2009

海军诞生至今，70多年过去，泰州与人民海军之间的纽带更加紧密，人民海军始终没有忘记与泰州人民的鱼水情谊。每年八一建军节和人民海军成立纪念日，泰州各级党政慰问团、社会组织集中走访慰问海军官兵，送去第二故乡的问候。每年泰州市“两会”召开期间，泰州舰的代表也会受邀参会，以家乡人的身份参与到母亲城的建设。泰州也获得了全国双拥模范城五连冠。

泰州舰为古城泰州注入了海军的血液，海军元素也深深地融入到泰州城市建设与发展之中。泰州建成中国人民解放军海军诞生地纪念馆，还用海军小学、海军中学、海娃艺术团、海军大道、水兵广场等名称，致敬这段历史。2021年10月1日，依托人民海军捐赠的3艘退役军舰和1艘退役潜艇，泰州海军舰艇文化园开园，成为集科普教育、军事教育、革命传统教育等功能于一体的海军文化展示平台和海军主题教育基地。

泰州舰带着海军诞生地的荣光，在海上劈波斩浪十八载，舰上官兵在大洋深处书写家国情怀。如今，在泰州人民的注目和掌声中，泰州舰向海图强、舰指深蓝，继续守卫着祖国的万里海疆。

（姚俊峰）

将论文写在祖国的大地上

林鸣给泰州、兴化党委政府的回信

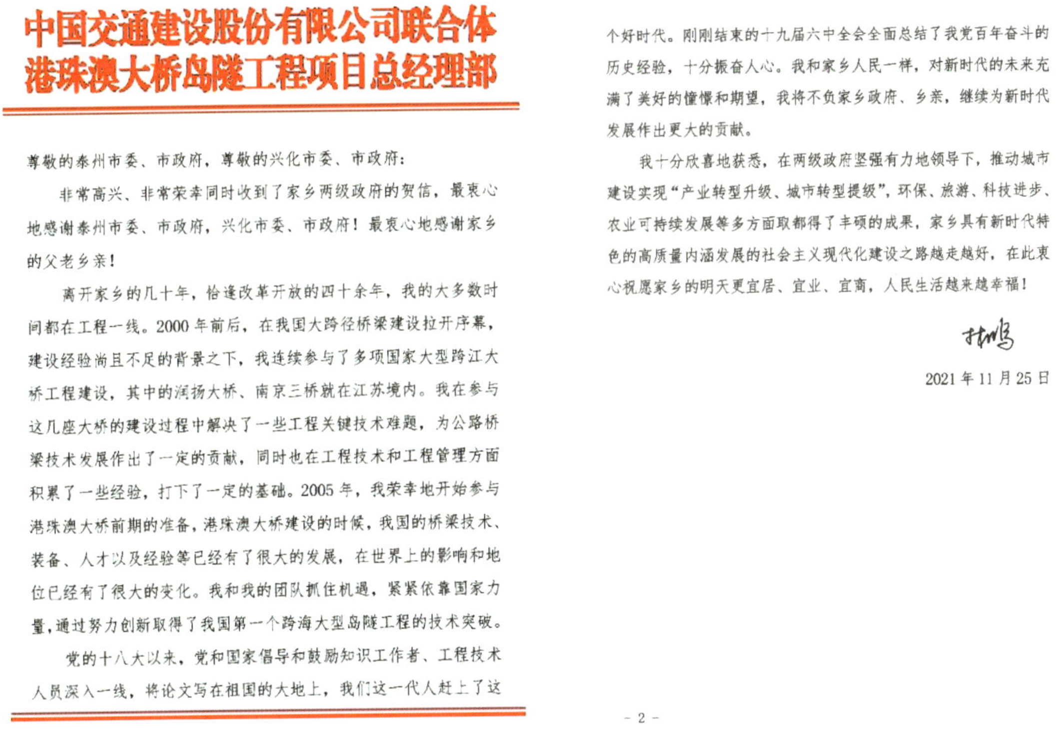

中国交通建设股份有限公司联合体
港珠澳大桥岛隧工程项目总经理部

尊敬的泰州市委、市政府，尊敬的兴化市委、市政府：

非常高兴、非常荣幸同时收到了家乡两级政府的贺信，最衷心地感谢泰州市委、市政府，兴化市委、市政府！最衷心地感谢家乡的父老乡亲！

离开家乡的几十年，恰逢改革开放的四十余年，我的大多数时间都在工程一线。2000 年前后，在我国大跨径桥梁建设拉开序幕，建设经验尚且不足的背景之下，我连续参与了多项国家大型跨江大桥工程建设，其中的润扬大桥、南京三桥就在江苏境内。我在参与这几座大桥的建设过程中解决了一些工程关键技术难题，为公路桥梁技术发展作出了一定的贡献，同时也在工程技术和工程管理方面积累了一些经验，打下了一定的基础。2005 年，我荣幸地开始参与港珠澳大桥前期的准备，港珠澳大桥建设的时候，我国的桥梁技术、装备、人才以及经验等已经有了很大的发展，在世界上的影响和地位已经有了很大的变化。我和我的团队抓住机遇，紧紧依靠国家力量，通过努力创新取得了我国第一个跨海大型岛隧工程的技术突破。

党的十八大以来，党和国家倡导和鼓励知识工作者、工程技术人员深入一线，将论文写在祖国的大地上，我们这一代人赶上了这个好时代。刚刚结束的十九届六中全会全面总结了我党百年奋斗的历史经验，十分振奋人心。我和家乡人民一样，对新时代的未来充满了美好的憧憬和期望，我将不负家乡政府、乡亲，继续为新时代发展作出更大的贡献。

我十分欣喜地获悉，在两级政府坚强有力地领导下，推动城市建设实现“产业转型升级、城市转型提级”，环保、旅游、科技进步、农业可持续发展等多方面取都得了丰硕的成果，家乡具有新时代特色的高质量内涵发展的社会主义现代化建设之路越走越好，在此衷心祝愿家乡的明天更宜居、宜业、宜商，人民生活越来越幸福！

林鸣

2021 年 11 月 25 日

- 2 -

林鸣回信

2021年，林鸣当选为中国工程院工程管理学部院士，泰州、兴化两级市委、市政府发去贺信，向他致以热烈的祝贺和崇高的敬意。林鸣在回信中说：“党的十八以来，党和国家倡导和鼓励知识工作者、工程技术人员深入一线，将论文写在祖国的大地上，我们这一代人赶上了这个好时代。刚刚结束的十九届六中全会全面总结了我党百年奋斗的历史经验，十分振奋人心。我和家乡人民一样，对新时代的未来充满了美好的憧憬和期望，我将不负家乡政府、乡亲，继续为新时代发展作出更大的贡献。”

林鸣，中国交通建设集团有限公司首席科学家，上海交通大学讲席教授，港珠澳大桥岛隧工程总工程师，主持修建举世瞩目的港珠澳大桥岛隧工程，形成了具有自主知识产权的跨海沉管隧道建造技术体系，为我国跨海岛隧建造技术跨入世界领先国家行列作出了重大贡献。

大国工匠

2018年10月23日，伶仃洋上全程55公里，集桥、岛、隧于一体的世界最长跨海大桥全线贯通。至此，港珠东西，长虹卧波，天堑南北，通途无阻。这个超级工程，堪称世界桥梁建设史上的巅峰之作，获得美国《工程新闻记录》（ENR）2018年“全球最佳桥隧项目”、国际隧道协会（ITA）“2018年度重大工程奖”、英国NCE2018年度隧道工程

林鸣在工作中

奖三项国际大奖，被英国《卫报》誉之为“新世界七大奇迹”。

港珠澳大桥的体量之大、建设条件之复杂，是以往世界同类工程所不具备的，尤其是大桥的岛隧部分。作为桥梁专家的林鸣，在接受港珠澳大桥这一项目之前，从未接触过岛隧建设，能够找到的资料只有薄薄的一本册子和零星几张沉管隧道施工的现场图片。林鸣尝试联系了一家荷兰公司，希望引进他们的技术和经验。可是，荷兰人却狮子大开口地出价15亿。当林鸣想同他们商量只引进部分必要技术时，他们非但拒绝了，还对他冷嘲热讽。从此，林鸣下定决心，要带领团队走自主创新的道路。

林鸣创造性地选择了大钢圆筒筑岛技术，被国际海洋工程界誉为“不可思议”的创新，仅用五个月时间就完成了原本需要三年的筑岛工期。最难的是沉管隧道的建设，从2012年年初开始，林鸣的团队开始寻找沉管隧道的建设方法，却苦寻无果。

2012年11月17日，是林鸣记忆深刻的日子。凌晨5点，他脑海中突然闪现出了一个概念，“尝试一下半钢性”，并将这个大胆的创新想法做成了方案，却遭到了专家组的质疑——世界上顶级沉管隧道公司都没有尝试过的新结构，却由没有经验的林鸣团队提出，真的行得通吗？中国人真的行吗？甚至有人告诉林鸣，“不要过度创新”。面对这些质疑，林鸣是这样回答的：“深埋沉管，历史性地摆到了中国工程师的面前，我绕不过去。”后来，经过8个月的精细核算，又经过几十名国内外顶级专家讨论验证，终于证明林鸣这个创新构想是成立的。

事实证明，技术上的拦路虎并不能阻挡中国工程师们的脚步，他们“遇山开路，遇水架桥”，在林鸣的带领下，港珠澳大桥建设团队自主研发了十几项国内首创且世界领先的专用设备和系统，获得了数百项专利，成功攻克了十余项外海沉管安装世界级工程难题，这一“世界级工程”既诠释了大国工匠精神，更让世界感受到了中国力量。正如习近平总书记所说的那样：“这是一座圆梦桥、同心桥、自信桥、复兴桥。”

精益求精

林鸣对待工作一向苛刻严谨，用拼命来说都不为过。2013年，第八节沉管安装关键时期，林鸣因过度劳累鼻腔大出血，四天内进行两次全麻手术，术后第七天他毅然决然回到了安装船，继

港珠澳大桥

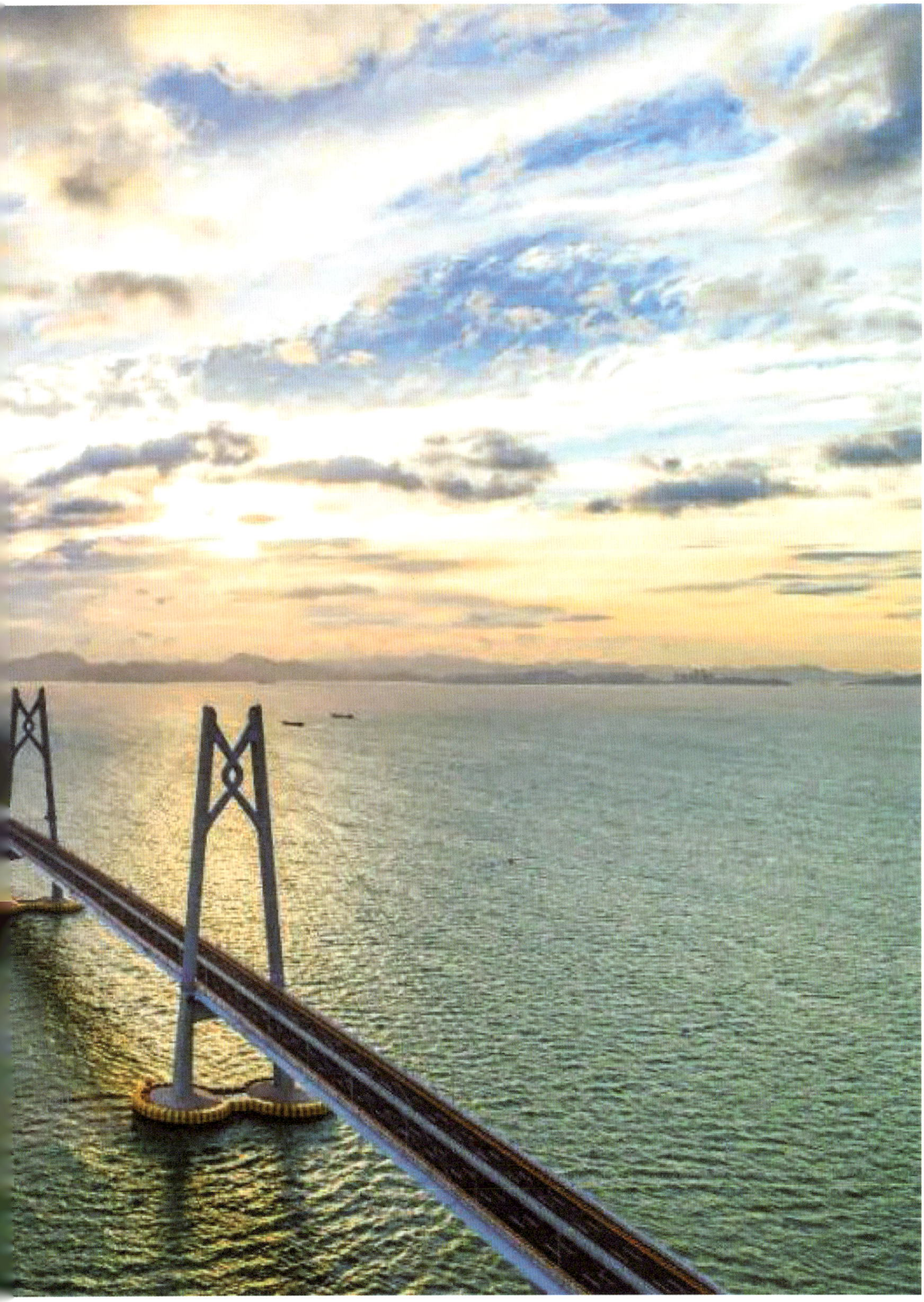

建造中的大桥

续指挥工程实施。很多人不理解，年逾六十的他为什么还要这么拼命？他说：“我对每一项工作都很认真，不能因为它重要你是一种态度，不重要又是一种态度。认真对自己有利、对团队有利、对企业有利、对国家有利，对民族也有利。”就是这样的信念，支撑着林鸣的付出与坚持。10年来，几乎每到关键和危险的时刻，林鸣都会像“钉子”一样，几小时、十几个小时、几十个小时地“钉”在工地。体型的变化暴露了一切：他瘦了整整40斤。

建设团队的人曾开玩笑说，林鸣是工程遇到的最大困难——他太精益求精，以至于达到了“吹毛求疵”的地步，是拿着显微镜在走钢丝的人。林鸣自己也说，他们在走世界上最长、行走难度最大的“钢丝”——项目施工需经过几百道工序，每一道工序都要做到零质量隐患。2017年5月2日晚，港珠澳大桥沉管隧道安装最后接头，合龙的偏差为16厘米，在允许的误差范围内。就在大家要庆功时，林鸣坚持返工，团队花费42小时重新精调，偏差从16厘米降到了不到2.5毫米，创造了一项世界纪录。他表示，高品质的工程不是做给别人看的，越是普通人看不到的地方，越要做好。

2018年1月1日凌晨，在点点灯光的陪伴下，林鸣从港珠澳大桥收费站跑到粤澳分界线，总长29.81公里，花了3小时04分。他用这样的方式致敬大桥的每一位建设者，也似乎在纪念他磨剑十二年奋战伶仃洋的不凡岁月。

向海而行

1957年10月，林鸣出生在江苏兴化。1974年高中毕业后，进入棉花加工厂当学徒，先后干过钳工、铆工、电焊工、起重工等，锻炼出极强的动手能力，也培养出他做事认真、吃苦耐劳、坚韧不拔的作风和精神。林鸣说：“我跟的那个沈师傅很厉害，成天没有笑容，很严肃，用现在的话说‘气场很足’。我每天给他打水、扫地、泡茶，他半年啥也不教我。当时叫我去拧个螺丝都觉得幸福的。”林鸣认为，那段经历对他影响很大，这是师傅在教他怎么做人，教的是一种韧性——做什么事情，哪怕条件再“苛刻”，首先要耐得住。

1977年，林鸣在国营兴化化肥厂上班，作为骨干人员被派到西安交大进行为期半年的制氧核心技术培训。得知高考制度要恢复后，他毅然决定参加

港珠澳大桥主体工程示意图

港珠澳大桥沉管隧道基床施工

2017年12月31日，港珠澳大桥亮灯仪式

高考。1978年，他以350多分的成绩，被交通部直属南京航务工程专科学校（现已并入东南大学）港口水工建筑专业录取，毕业后被分配到交通部第二航务工程局工作，从此迈入了为之奋斗大半生的交通建设事业。

林鸣在其职业生涯中创造了很多纪录：20世纪90年代初，林鸣首次担任项目经理，负责珠海大桥的建设。林鸣带领团队克服了现在看来完全是“小儿科”的水下2.2米桩基施工难题，最终成功建成了这座连接珠海西部的重要控制性工程。2000年，林鸣负责建设时为中国第一大跨径悬索桥的润扬大桥，主跨1490米，其中南汊悬索桥北锚碇因其体量大被称为“神州第一锚”。该锚碇需要在长江边上深50米的基坑内施工，长江和基坑之间的土堤若有闪失，汹涌的江水将瞬间灌满基坑，是大桥最大的风险点。林鸣提出了一个矩形嵌岩地连墙方案，并且主持关键技术研发，仅用了14个月就完成了勘察、设计和施工，攻克了大桥建设的关键难题。难题攻克后，林鸣搬起小板凳坐在基坑底部，用实际行动论证了坑底的安全，给工人们吃下了一颗定心丸，从此林鸣在团队中有了“定海神针”的名号。林鸣组织建设的南京三桥主跨648米，是我国首座钢塔斜拉桥，创造了26个月建设跨江大桥的工程纪录，将工期提前了22个月。

“如果每个行业都能实现一两个世界尖端梦，那么我们的国家就能更好地实现神圣又伟大的中国梦”，林鸣用中国人自己的勇气和智慧，在“唯一”中创造出“第一”。2014年4月21日，林鸣荣获“2014年感动交通十大年度人物”称号。2015年4月28日，他被评为全国劳动模范。林鸣还先后获得国家科技进步二等奖2项，省部级科技进步奖十余项，获评“全国优秀共产党员”，荣获“全国五一劳动奖章”“第四届中国质量奖”等奖项。

近几年，我国沿海地区频繁遭遇台风袭击，林鸣带领团队重点从事海工领域的研究，研发建设海上防护基础设

林鸣与家人

2023年5月16日，以“我喜欢出发”为主题的“吾论如何”成长讲坛第三期线下沙龙暨林鸣院士粉丝见面会

林鸣为兴化市“板桥英才”成长导师工作室揭牌

施技术，通过海洋工程，在海上形成大规模遮掩水域，解决深远海养殖的安全难题，促进海洋经济发展。他说：“出发、抵达、再出发，这是我生命的常态，每一段经历都是我对一个又一个未知的生命片段的探寻，都是生命的一次新的出发。行走于世，不妨保持出发的状态，一路坚持，一路奋斗，奔赴热爱的远方。”

（吴泓蜜）

后记

《初心见证——泰州红色信札》共收录25封书信，按书信书写时间排序，最早的写于1931年，最晚的写于2021年。本着记述史实、彰显初心意图，稿件撰写大致包括书信内容解读、历史背景、人物简介、事件经过以及阐述思想价值、文化价值、纪念意义等。

本书编撰过程中，得到各市（区）党史方志办（档案馆）、纪念场馆和相关单位的大力支持，在此一并感谢。

本书所用照片均未署名，如涉及版权问题，希望有关摄影作者与我们联系，以奉薄酬并致谢意。

由于编者水平有限，书中难免有疏漏和错讹之处，敬请批评指正。

2024年11月